Liberación
en el atrio

Un modelo bíblico
para la liberación emocional y espiritual
del individuo.

Daisy Vega Cardona

CHRISTIAN
EDITING

Publicado por:
Christian Editing
Miami, Florida, 33196
ChristianEditing.com

Cubierta y diseño interior: Iván Balarezo

Todas las referencias bíblicas fueron tomadas de la *Biblia Reina-Valera,* revisión de 1960, a menos que se indique otra fuente.

ISBN 978-0-9833950-7-2

Impreso en Colombia.

Categorías: Consejería y atención pastoral. Guerra espiritual. Crecimiento espiritual.

Dedicatoria

Dedico este libro a mi Padre celestial, a Jesucristo, y al Espíritu Santo, quien me inspiró y confirmó que escribiera. A mi querido esposo Milton A. Jiménez, que creyó, confió y me ayudó en todo momento para que se cumpliera el mandato divino. A mis padres espirituales, pastores Arnaldo Ginés y Janet Rodríguez, de los cuales tuve el respaldo y la confianza. Los honro, reconozco y agradezco de todo corazón. Ellos permitieron y concedieron las facilidades físicas de la iglesia para impartir los talleres que probaron los postulados aquí presentados.

Agradecimiento

Agradezco a toda la gente linda de la Iglesia Pacto Eterno de Dios, en la ciudad de Manatí, Puerto Rico. Gracias por ofrecerse libre y voluntariamente como grupo piloto para llevar a cabo la investigación de este trabajo.

Agradecimiento

Índice

LOS POSTULADOS QUE PRESENTO en este libro surgen a partir de varias interrogantes en el tema de la liberación emocional y espiritual del creyente. Me preguntaba dónde comenzar un proceso de liberación y qué principios bíblicos necesitaba para ser efectiva.

Las guías y manuales de liberación que se han escrito señalan dónde comenzar y descubren ciertas recomendaciones del proceso a seguir, pero los modelos varían según la interpretación o revelación del autor.

Este libro responde a la necesidad de la consejería pastoral de tener un modelo práctico, eficaz y estructurado para trabajar con los múltiples conflictos que presenta el aconsejado hoy día. Un modelo que sea aplicable a todas las formas de pecado que atan al hombre y que detienen su avance en el crecimiento espiritual del alma. Un modelo que indique por dónde comenzar, qué pasos seguir y qué principios espirituales nos pueden ayudar.

Es importante que la consejería pastoral obtenga principios espirituales que le auxilien cuando un individuo amerite liberación emocional y espiritual. Verdades espirituales que puedan dirigirlo para entrar en el proceso. Ser práctico, aliviar el dolor, la carga espiritual y emocional del individuo. Para ello se requerirá de enseñanzas y principios espirituales que resulten concretos y evidentes al aconsejado.

Postulo que el Tabernáculo de Moisés contiene los principios necesarios para llevar a cabo el proceso. Encierra grandes riquezas espirituales que afirman el postulado. Establezco que la liberación del creyente se define en el atrio. Es allí donde se nos revelan principios espirituales útiles en la liberación. Por tanto, trabajaremos únicamente con algunos elementos contenidos en el atrio del Tabernáculo.

Los principios establecidos le ayudarán en el gran reto que tenemos todos aquellos que trabajamos en el aconsejar cristiano. Ruego a Dios sea de gran bendición para usted, aclare dudas, aplique y utilice lo aprendido en su vida personal y ministerio.

Pretendo se utilice como modelo terapéutico. El mismo le ayudará en gran manera. Toda persona que esté dispuesta a dejar el pecado y someterse al señorío de Jesucristo recibirá grandes beneficios.

CUANDO DAISY VEGA llegó a nuestra congregación fue el comienzo de una nueva temporada tanto para ella como para nosotros. Siendo portadora de una poderosa semilla que Dios mismo había plantado en ella, era necesario tener visión para descubrirla, regarla con palabra profética, abonarla con palabras de restauración y permitir su crecimiento tal cual el género de la semilla espiritual.

Soy testigo de su crecimiento personal y espiritual. Hoy es la doctora Daisy Vega, ordenada al ministerio completo como pastora e integrante de la Junta de Gobierno de los Ministerios Pacto Eterno de Dios, Inc. bajo nuestra cobertura pastoral.

Como pastor general testifico que el ministerio de la pastora Daisy Vega es uno que todo pastor necesita. Una consejera profesional usada por Dios operando bajo la unción de liberación y sanidad interior. ¡Cuántas vidas han sido bendecidas y restauradas por medio de su ministerio! Y es que cuando tenemos personas salvas y libres, tendremos congregaciones saludables y maduras espiritualmente.

La Dra. Daisy es nuestra hija espiritual, y un día escuchándola ministrar la Palabra Dios se abrió más mi entendimiento en el sentido de que tenemos muchas personas en nuestras congregaciones salvas pero no transformadas. Entraron por la puerta que es Cristo, pero no habían sacrificado en el altar de bronce; en otras palabras, no han pasado del atrio, espiritualmente hablando.

Es un secreto a voces que en nuestras congregaciones tenemos personas que aman a nuestro Señor Jesucristo, que lo han confesado como su Salvador, pero aunque esto nos confronte, todavía están atados, prisioneros de fracasos, repitiendo una y otra vez malos hábitos, deseosos de ser libres, pero no han podido. Vivos pero con ataduras de muertos. Es Cristo quien los llama de la muerte del pecado, los saca de la tumba y les da vida, pero la orden es clara, nosotros tenemos que desatarlos. Así lo registran las Sagradas Escrituras en la resurrección de Lázaro: Cristo le devolvió la vida pero a sus discípulos les ordenó quitarle las vendas que lo mantenían atado.

Sanidad interior es un término criticado, sin embargo muy necesario. Cuando Cristo comenzó a reclutar a su equipo de trabajo, abordó la barca de Pedro, quien lavaba sus redes. Como Pedro hay muchos, limpios por fuera pero fracasados por dentro. Con apariencia de pescador exitoso, pero solo él y Cristo sabían que no había pescado nada. Pedro tenía un conflicto, necesitaba sanidad interior y liberación de la atadura del fracaso. Cristo lo pudo haber reclutado y simplemente continuar, pero no fue así. Fueron al lugar de su frustración, al lugar interno donde se produjo el fracaso. En otras palabras, lavar las redes no es suficiente, y no resuelve el fracaso del pasado, vayamos al lugar de tu fracaso, vamos a la raíz, muéstrame el lugar donde intentaste pescar y no pudiste.

Aquí es cuando muchos cristianos que llevan algún tiempo en la iglesia se confunden por su religiosidad y la pobre revelación que tienen de lo que Cristo quiere hacer, pero aquellos que estemos dispuesto a dejar a un lado nuestra lógica religiosa veremos la plenitud de Cristo. Cada vez que una persona es liberada, el Reino de Dios ha llegado a esa vida. *Liberación en el atrio* es un libro que todo pastor debe leer y poner en práctica. Una aplicación magistral de la tipología del tabernáculo bíblico, modelo dado a Moisés para que lo estableciera en la tierra conforme al diseño revelado en el cielo. Hay niveles de relación con Dios, y anhelamos llegar al Lugar Santísimo, donde experimentaremos Su gloria. Pero antes seremos desafiados a enfrentar el altar de bronce, donde nuestra naturaleza carnal será del todo quemada y el humo que ascienda será señal de que recibimos "liberación en el atrio".

Arnaldo Ginés
Pastor General
Ministerios Pacto Eterno de Dios, Inc.
Manatí, Puerto Rico.

DURANTE MÁS DE DIEZ AÑOS, busqué y estudié
diferentes guías de sanidad interior y liberación que me per-
mitiesen ser eficaz en el ministerio. No fue hasta que un día,
pidiendo dirección al Señor para el desarrollo de mi tesis
doctoral, vino a mi mente: *"Tabernáculo de Moisés, allí encon-
trarás respuestas a tus preguntas"*.

Me di a la tarea de estudiarlo. Comenzaron a fluir las
respuestas, clarifiqué muchas de mis interrogantes. Utilicé
los principios en el desarrollo de una serie de diez talleres
bajo el tema de liberación emocional y espiritual. Un grupo
piloto de más de cincuenta personas se sometieron al proceso. El 92% de los participantes consideró efectivos los talleres en su liberación emocional y un 88% en su liberación
espiritual.

Los resultados revelaron que el Tabernáculo de Moisés resultó ser efectivo para ser usado como herramienta, y
auxiliar a la pastoral en la liberación emocional y espiritual
del cristiano. Los resultados arrojaron luz en cuanto a que
el pueblo puede ser educado y ministrado en forma grupal,
y obtener buenos resultados. La experiencia que vivió este
grupo piloto al ser confrontado con los principios bíblicos

revelados en el Tabernáculo, los condujo a la manifestación de cambios reveladores en su ser interior. El Tabernáculo de Moisés es una referencia con estructura definida, es un modelo perfecto y ordenado. Es un medio sensorial que representa el gobierno del Reino de los cielos en forma visual y precisa. Es tipo y sombra de los procesos de conversión del creyente. Además tipifica la habitación o morada de Dios en nuestras vidas, el templo del Espíritu Santo. El pecado hizo que se profanara el templo de Dios, la morada de Dios, nuestros cuerpos. Necesitamos limpiarlo, liberarlo y sanarlo de las consecuencias del pecado. Tenemos que santificarlo para ser morada de Dios. El Tabernáculo pauta el plan de redención del hombre. Redención significa exoneración, rescate, emancipación y liberación. En otras palabras, el Tabernáculo es una expresión simbólica de realidades espirituales relacionadas con el plan libertador de nuestro Señor Jesucristo. Para llevar una persona a la liberación tenemos entonces que entender su plan de redención, para hacerlo a la manera de Él.

El Tabernáculo es una construcción física o concreta que nos impulsa en sentido espiritual a ver lo que Dios quiso decir. El Tabernáculo enseña correspondencias del mundo natural con el mundo espiritual. El Tabernáculo físico estaba enviando un mensaje espiritual. Son estas correlaciones y revelaciones las que se escudriñarán en los próximos capítulos de este libro. Todo con el propósito de patentizar que éstas son armas poderosas que pueden auxiliar a la pastoral en la liberación emocional y espiritual del aconsejado.

El objetivo principal es lograr que el aconsejado alcance la salud integral de su ser, que en esencia significa santificación. La santificación está íntimamente ligada a la liberación espiritual y emocional, y este es el tema principal que nos atañe.

El aconsejado amerita un cambio en la cosmovisión del mundo, revertir los paradigmas, modelos y costumbres aprendidos en su medio ambiente, que lo condujeron a una vida alejada de Dios. El Tabernáculo apuntó a un cambio en la cosmovisión de los israelitas. Dios ubica en medio de ellos un Tabernáculo que representaba un microcosmos que le revelaría los misterios de la vida a todo aquel que quisiera acercarse a Dios.

El mensaje tácito de Dios a la mentalidad del hombre es que para tener acceso a la presencia de Dios no hay cabida para dos naturalezas. Los ideales espirituales no pueden estar comprometidos con los ideales mundanos. No hay lugar para dos mundos. No hay lugar para dos mentalidades, la carnal y la espiritual. La demanda de Dios es radical y no es negociable. El creyente que pretenda ser libre tiene que tener claro estos principios, que notoriamente están contenidos en el Tabernáculo.

Pretendo establecer un modelo terapéutico bíblico y estructurado, utilizando el Tabernáculo de Moisés. El modelo tendrá como objetivo que en cada experiencia se manifiesten cambios en el hombre interior, por causa del conocimiento que se ha de adquirir con cada verdad espiritual interpretada en él. Las grandes verdades contenidas aquí llegarán efectivas a la mente y corazón de la persona.

Pasar al creyente por las verdades reveladas en el Tabernáculo transformarán su mentalidad, trayendo libertad a todo su ser integral. Estoy muy de acuerdo con el Dr. Neil T. Anderson, el cual dice en sus escritos que la liberación es un choque con la verdad, y no una lucha de poderes. El choque con la verdad despertará al aconsejado a su nueva realidad espiritual en Cristo. En otras palabras, conocer la verdad es lo que hace efectiva la liberación. ¿Qué nombre tiene la verdad? Su nombre es Cristo, y Cristo está en el Tabernáculo.

Recomiendo educar en forma colectiva los principios presentados, puesto que ello aliviará la carga de la consejería pastoral, concediendo menos tiempo a la terapia individual. Ayudará a impactar al participante antes de que retroceda en su proceso de conversión.

El propósito fundamental es conectar al creyente con su Creador y que experimente una vida sana, mental y emocionalmente. Nuestro interés es lograr que entre en el Lugar Santísimo. En el trayecto a esa conexión descubrirá las cosas que le impiden el paso para llegar allí. En otras palabras, comprenderá lo que le impide conectarse con la presencia y gloria de Dios.

Moisés hizo conforme al modelo, y cuidó de seguir las instrucciones en el más mínimo detalle. Siguió el modelo exactamente como fue determinado desde el principio sin hacerle alteraciones. Los israelitas siguieron al pie de la letra las instrucciones que Dios le había dado a Moisés. Cuando Moisés vio que así lo habían hecho les dio su bendición. Cuando obedecemos Sus instrucciones Dios nos da Su bendición. Es significativo este modelo, porque nos establece claramente un camino que conduce de afuera hacia dentro, siguiendo un orden hasta llegar a la presencia de Dios.

El creyente debe adquirir conocimiento de su naturaleza espiritual y cómo el pecado le afectó. El hombre deberá descubrir y destapar el "Ser" verdadero, que quedó atrapado y oculto por los afanes, valores, pecado y heridas del mundo. Este será el reto que tendrá que trabajar todo creyente que quiera experimentar libertad espiritual y emocional. El reto es descubrir su "yo" verdadero, cuando se mire en el espejo de Cristo. El "yo" verdadero es la imagen y semejanza de Cristo, y Cristo esta revelado en el Tabernáculo.

El Tabernáculo quitará la máscara, se correrá el velo espiritual existente en la mente del creyente en relación con su verdadera identidad. La experiencia de conocer el significado espiritual del mobiliario del Tabernáculo introducirá al consultante a una dimensión espiritual que romperá con los paradigmas adquiridos del mundo, y dentro de la misma iglesia. Será confrontado en cuanto al nivel espiritual alcanzado hasta el momento en su experiencia con Cristo. Le abrirán el entendimiento para comprender cómo funciona el reino de Cristo aquí en la tierra. Estamos hablando de liberación espiritual utilizando la tipología del Tabernáculo por la Palabra. Usar la Palabra alcanzará los resultados por la cual fue escrita.

Toda vez que se entienda el modelo de Dios en el Tabernáculo, lo que resta por parte del creyente es discernir cuales son los aspectos de su vida que no le permiten conectarse a la fuente, Cristo. El individuo autoevaluará aquellos aspectos que lo han llevado a la angustia y problemas existenciales.

Postulo que los principios revelados en el Tabernáculo ayudarán a ver claramente principios del Reino que no pueden ser ignorados por la iglesia, y mucho menos en un proceso de liberación. El pueblo perece por falta de conocimiento y el "no saber" está conduciendo a la iglesia a vivir puro ritualismo religioso. Piensan que están bien delante del Señor, cuando en realidad no es así. Los principios presentados harán un llamado a la conciencia, y el que los reciba reflexionará sobre su vida espiritual.

La iglesia amerita de modelos terapéuticos que guíen el aconsejar pastoral de forma efectiva en liberación. Observamos ejercicios incompletos y sin estructura; esto conduce a un funcionamiento inadecuado en el crecimiento del creyente. Liberar sin educar o educar sin liberar es realizar ejercicios incompletos. Necesitamos conducir al creyente para que resuelva de forma práctica y funcional su crisis existencial. Que comprenda su problemática espiritual y emocional, y liberarlo en el menor tiempo posible.

La iglesia que no actúa rápido en medio de la crisis existencial del individuo verá con sus propios ojos cómo lo pierde. Difícilmente permanecerá el creyente en la congregación por el engaño que está en su mente. Por la programación de pecado que adquirió a través de los años y las ataduras que trae. Su mente tiene que ser libre de las ideas y conceptos preconcebidos del mundo que contribuyeron a encadenarlo. En adición, tal parece que se activan los diseños del infierno para retener a sus prisioneros, agudizándose el conflicto.

La iglesia está llamada a cumplir con la gran comisión, sanar al enfermo y liberar al cautivo. Las grandes preguntas son: *¿Dónde comenzar? ¿Qué pasos se deben seguir? ¿Qué principios son determinantes para la liberación espiritual?* El Tabernáculo tiene grandes riquezas tipológicas que nos ayudarán a contestar estas incógnitas.

Bajo ninguna circunstancia deberá cancelarse la orientación directa del Espíritu Santo, el cual nos llevará a toda verdad. En últimas, se trata de sanar a la obra magistral de Dios, el ser humano, que es completo, pero a su vez complejo, y es Él quien lo conoce a profundidad.

No pretendo analizar todos los elementos contenidos en el Tabernáculo. Centraremos el estudio únicamente en elementos que se encuentran en el atrio. La razón para ello es que en el transcurso del análisis nos daremos cuenta de que la liberación del ser donde se materializa es en el atrio.

Ruego a Dios que al impartir las ideas, principios y revelaciones impresas en este libro, le ayuden a sanar e instruirse para ayudar a otros. Discutiré temas que desafían las estructuras de pensamiento convencionales, así que le ruego, querido lector, que pida al Espíritu Santo que lo auxilie para comprender, y en el proceso trascienda espiritualmente.

Capítulo I

Fundamento para la liberación

ANTES DE ENTRAR en el Tabernáculo de Moisés, es menester reconocer lo que tantas doctrinas han negado, y es, la necesidad de liberación. Si el pueblo de Dios no es liberado, entrar al Lugar Santísimo le será gravoso. Por más que lo intente no experimentará la gloria de Dios. Estamos hablando de andar en verdadera libertad en la tierra de los vivientes.

Sí, ya sabemos, Hebreos 10:19 nos dice que gracias a la sangre de Jesús tenemos plena libertad para entrar al Lugar Santísimo. La sangre de Cristo tiene el potencial de perdonarnos de todo pecado, el camino de acceso a su presencia está disponible gracias a su sangre. Ahora bien, de lo que estamos hablando es de las consecuencias del pecado, de conflictos emocionales y espirituales sin resolver. Ellos impiden que el creyente se acerque a Dios aún cuando el velo ya fue rasgado para entrar en el Lugar Santísimo. Con amarras causadas por el pecado no se pueden dar pasos hacia el Lugar Santísimo. Caminar al Lugar Santísimo conlleva un proceso de santificación. Para ver al Rey hay que prepararse, y es entonces que podemos tener audiencia con Él. Cristo es la puerta que inicia el proceso. Cristo es el punto de partida, la meta es llegar al Padre que se encuentra en el Lugar Santísimo. Cristo es el instrumento de Dios para comenzar el proceso. Cristo es la salvación, es la puerta, el Reino es la meta u objetivo que tenemos que perseguir. La Biblia registra cientos de textos que refieren el ministerio de la liberación. Habla de esclavitud, cautiverios y prisiones. La persona que va a ser ministrada deberá adquirir conocimiento bíblico relacionado a la liberación y los cautiverios. Todo individuo que busque liberación emocional y espiritual deberá ser instruido en el tema, para poder trabajar de forma más efectiva su liberación. Debe ser educado y orientado antes de ser ministrado en liberación; esto le ayudará a valorizarla y retenerla, y es aquí donde radica la clave del éxito. Por falta de instrucción muchas personas son de nuevo poseídas, caen nuevamente en los mismos patrones de conducta y pecado. Si el individuo asume la postura equivocada, es muy poco lo que lograremos en el proceso. Si no se tiene la necesidad de liberación, no podrá ser liberado. Es de suma importancia involucrar al individuo en todo el proceso. Debe asumir responsabilidad y creer que Dios lo puede hacer.

Existen doctrinas que le enseñan al cristiano que una vez que se convierte, ya es libre. No vamos a entrar en esta polémica, la postura es clara y contundente, la liberación emocional y espiritual está contemplada en el ministerio de Jesús. La experiencia de más de diez años ministrando al pueblo de Dios nos ha dado la convicción del argumento. Vamos a partir de esta premisa para elaborar este capítulo.

¿Qué es liberación emocional y espiritual?

Antes de entrar en el proceso es importante que el individuo entienda lo que significa liberación en el gobierno del Reino. Liberación es rendirse libre y voluntariamente al señorío de

Jesucristo en la esfera del alma, mente, cuerpo y espíritu. Es desear agradar a Dios desde lo más profundo de las entrañas del ser. Es estar sediento por las aguas del río de vida que ofrece el Padre. Es anhelar Su presencia, y en una entrega total morir de amor por Él. Cuando se llega a este punto surgirá en la dimensión del alma un quebrantamiento de todo egocentrismo. La inclinación ahora estará centrada en agradar a Dios. El orgullo se debilitará en la medida que reconozcamos humildemente que necesitamos de Dios y que no se trata de nuestro esfuerzo y capacidad humana. Liberación es cuando el hombre se decide por la plenitud y la paz de Dios, y dice no a los valores del mundo. Liberación es sustituir todo interés personal por los del Reino. Anhelar todo lo que Dios es y quiere para nosotros. Es reemplazar la muerte espiritual por la vida espiritual. Es derrocar el reino de la carne para que entre el reino del espíritu. El individuo lo decide y Dios promete auxiliarlo en el proceso.

Ezequiel 36:25-27: *"Esparciré sobre vosotros agua limpia, y seréis limpiados de todas vuestras inmundicias; y de todos vuestros ídolos os limpiaré. Os daré corazón nuevo, y pondré espíritu nuevo dentro de vosotros; y quitaré de vuestra carne el corazón de piedra, y os daré un corazón de carne. Y pondré dentro de vosotros mi Espíritu, y haré que andéis en mis estatutos, y guardéis mis preceptos, y los pongáis por obra".*

Liberación emocional y espiritual es establecer un cese y desistir a los apetitos de la carne, a los apegos a las personas, a las costumbres y en general a lo que el mundo ofrece. Entronar a Dios en primer lugar en todas las áreas de nuestras vidas. Él tiene que ser el fundamento de nuestra seguridad en todo. De lo contrario, todo lo que se antepone a Dios se convertirá en un obstáculo para la liberación. Se trata de alejarnos, perder el amor y establecer distancia entre lo que es del gobierno terrenal, por lo que es del reino celestial. Entre la naturaleza natural o carnal y la naturaleza espiritual.

Efesios 4:22-24 nos dice que es necesario renunciar a la antigua manera de vivir para dar paso a lo nuevo. Lo nuevo es alcanzar espiritualidad. Despojarse de lo que antes era, de la vieja estructura y gobierno para poder revestirse de lo nuevo. Es un proceso de desprendimiento, de desapego de todas aquellas cosas terrenales que afectan nuestra antigua manera de vivir. Es perder el interés por las cosas del mundo para poder experimentar la esfera espiritual. Es un cambio en sistemas de creencias.

Origen de la palabra liberación

Veamos cuál es la etimología de la palabra liberación. Según el *Diccionario de la Real Academia Española*, esta palabra viene del latín *liberatio*, que es la acción de poner en libertad; carta o recibo que se da al deudor cuando paga; cancelación o declaración de caducidad de la carga o cargas que real o aparentemente gravan un inmueble.

En el diccionario Vine, expositivo de palabras del Antiguo y Nuevo Testamento, liberación en griego es *Soteria*, y significa preservación, salvación.

¿Quiénes necesitan liberación?

Si el individuo se ha convertido a Cristo y siente que "algo" le impide gozar plenamente de la salvación y de las bendiciones de Dios, entonces necesita liberación. Si persisten en su conducta hábitos y costumbres malsanos e indeseables. Si es atormentado con pensamientos e ideas obsesivas. Si sufre con sueños que le atormentan y afligen. Si se le dificulta leer la Biblia y orar. Estamos en todos esos casos ante un individuo que con toda probabilidad amerita ser liberado.

Si persisten sentimientos negativos, como complejos y actitudes que no le permiten tener buen testimonio como creyente. Si la persona sufre de depresiones frecuentes. Si todavía sufre cuando piensa en episodios del pasado. Si no tiene la seguridad de la salvación. Si tiene dificultad para perdonar. Si continuamente pide perdón a Dios por eventos del pasado y no logra perdonarse. Si ha escuchado voces en su mente. Todos estos síntomas son indicadores de un posible caso para la liberación.

Cuando la persona es libre de las fuerzas de las tinieblas, disfruta y acepta con gran regocijo servir a Cristo. Los frutos del Espíritu evidencian su sanidad. No le es gravoso reunirse en la comunidad de fe a la que pertenece. Trabaja, crece y madura en su potencial como hombre cristiano sin ninguna interferencia. Si estos frutos no se observan, entonces podemos sospechar que amerita liberación.

Cuando un individuo experimenta la liberación emocional y espiritual recobra su verdadera identidad. La jornada por la vida hizo que el individuo quedara prisionero del pecado, se distorsionó el propósito por el cual fue creado. Dios creó su plan para establecer la total liberación del cautivo. En Jesús todo creyente tiene el privilegio de ser totalmente libre.

Jesús y el ejercicio de la liberación

Jesús fue nuestro mejor ejemplo en el ejercicio de la liberación. Jesús siempre estaba liberando al cautivo. Predicaba la Palabra, sanaba y liberaba. La Biblia registra un sinnúmero de individuos que fueron liberados por Jesús. Hombres y mujeres con espíritus inmundos, endemoniados; esos espíritus les causaban ceguera y sordera entre otras cosas. Al

Señor le llevaban lunáticos, mudos y personas con diversas enfermedades, y los sanaba. Jesús envió a sus discípulos a liberar a los cautivos, sanar enfermos y echar fuera los demonios (Mateo 10:8). Oponer resistencia al mandamiento de liberar al cautivo es refutar el evangelio de Jesucristo. Es una mutilación del plan de Dios. El reino de los cielos se establece en la tierra cuando llega la liberación. ¡Establézcalo en su iglesia y donde quiera que se predique el evangelio! Gratuitamente se recibió del Señor, ¡démoslo de la misma manera!

Mateo 10:7-8 dice: *"Y yendo, predicad, diciendo: El reino de los cielos se ha acercado. Sanad enfermos, limpiad leprosos, resucitad muertos, echad fuera demonios; de gracia recibisteis, dad de gracia".*

La iglesia y la liberación

La liberación del cautivo es una orden, es un ejercicio que constantemente esta activo en la Palabra de Dios. Es un dictamen del Rey, y los súbditos deben obedecer. La iglesia está llamada a ejercer el ministerio de la liberación. La Biblia nos instruye no solo a sanar los corazones heridos, también nos exhorta a publicar liberación a los cautivos y abrir sus prisiones.

Isaías 61:1 lo refiere de la siguiente manera: *"El Espíritu de Jehová el Señor está sobre mí, porque me ungió Jehová; me ha enviado a predicar buenas nuevas a los abatidos, a vendar a los quebrantados de corazón, a publicar libertad a los cautivos, y a los presos apertura de la cárcel".*

No se trata únicamente de echar fuera demonios, estamos hablando de publicar libertad. Publicar significa anunciar, transmitir, propagar la buena noticia. Pero aquí no termina todo, también estamos llamados a sacarlos de las prisiones, "apertura de la cárcel". Sacarlos de tinieblas a la luz. La Biblia Latinoamericana 1995 dice: "Su vuelta a la luz". El ejercicio debe ser completo, esa fue la orden y el ejemplo que heredamos de Jesucristo.

Leamos Isaías 42:6,7: *"Yo Jehová te he llamado en justicia, y te sostendré por la mano; te guardaré y te pondré por pacto al pueblo, por luz de las naciones, para que abras los ojos de los ciegos, para que saques de la cárcel a los presos, y de casas de prisión a los que moran en tinieblas".*

Isaías 45:1-3 añade: *"Así dice Jehová a su ungido, a Ciro, al cual tomé yo por su mano derecha, para sujetar naciones delante de él y desatar lomos de reyes; para abrir delante de él puertas, y las puertas no se cerrarán: Yo iré delante de ti, y enderezaré los lugares torcidos; quebrantaré puertas de bronce, y cerrojos de hierro haré pedazos; y te daré los tesoros escondidos, y los secretos muy guardados, para que sepas que yo soy Jehová, el Dios de Israel, que te pongo nombre".*

Dios nos ha tomado de la mano con un propósito. La unción que se decretó para Ciro, también es para el pueblo de Dios y está vigente en nuestros tiempos. Sujetar naciones, desatar lomos de reyes, abrir las puertas de bronce y cerrojos de hierro para liberar al cautivo es el mandamiento. Creer el mandamiento y actuar basados en él es lo que nos ayudará a movernos en la esfera espiritual, y cumplir con este mandato.

En Mateo 17:20, Jesús les dijo: *"Por vuestra poca fe; porque de cierto os digo, que si tuviereis fe como un grano de mostaza, diréis a este monte: Pásate de aquí allá, y se pasará; y nada os será imposible".*

Qué les parece si observamos lo que Jesús dijo del ayuno. En Mateo 17:21, Él dijo que hay géneros que no salen si no es con ayuno y oración. Quiere decir que existe un nivel de guerra espiritual en la cual se requiere del domino de la carne para ser un liberador efectivo, por lo que se requiere ayuno y oración para poder liberar al cautivo. ¿Cuál es ese ayuno y qué nos revela?

El ayuno que el Señor ha escogido y revelado a su pueblo se encuentra en Isaías 58:6, y dice así: *"¿No es más bien el ayuno que yo escogí, desatar las ligaduras de impiedad, soltar las cargas de opresión, y dejar ir libres a los quebrantados, y que rompáis todo yugo?"*

Este ayuno no es cualquier ayuno, es uno en el cual se nos manda a desatar, soltar, romper ataduras de iniquidad, de todo pecado, contratos con el infierno, romper toda cuenta injusta y dejar libres a los que fueron llevados cautivos. Hacer este tipo de ayuno es morir a nuestros deseos e intereses personales por el bienestar y la libertad del otro. Cristo vino a libertar al cautivo y ahora nos dice: "Iglesia libera al cautivo con este ejercicio espiritual".

Capítulo II

¿EN QUÉ ESFERA LA IGLESIA puede quebrantar yugos, disolver cargas de opresión, poner en libertad a los oprimidos, en fin, romper con toda tiranía y el quehacer de maldad del infierno? ¿En qué esfera la iglesia puede hacer tal prodigio? ¿En la esfera natural? ¿O en la esfera espiritual? ¡Señores, esto solo se puede hacer en la esfera espiritual! Si Jesús lo hizo, descendió a las partes bajas de la tierra para sacar un ejército de gente que estaba cautiva, ¡yo también puedo hacerlo, usted también puede hacerlo!, y no es una herejía, porque Él lo dijo: "libera de la cárcel a los presos, y del calabozo a los que habitan en tinieblas". Él dijo que cosas mayores su iglesia haría. Jesucristo y los apóstoles operaron en la sobrenaturalidad de Dios, y nos dieron su ejemplo.

Para llevar a cabo semejante prodigio, tenemos que entender cómo opera la dimensión espiritual. Lo primero que quisiéramos argumentar es que no podemos perder de perspectiva que somos seres espirituales metidos en un cuerpo carnal. No es al revés, carne metida en un cuerpo espiritual. El ser humano tiene la capacidad de operar y percibir la esfera espiritual porque somos en esencia seres espirituales.

La Palabra registra grandes hombres de Dios que tuvieron experiencias de índole sobrenatural; en especial, veamos las de Juan.

"Después de esto miré, y he aquí una puerta abierta en el cielo; y la primera voz que oí, como de trompeta, hablando conmigo, dijo: Sube acá, y yo te mostraré las cosas que sucederán después de estas. Y al instante yo estaba en el Espíritu; y he aquí, un trono establecido en el cielo, y en el trono, uno sentado". Apocalipsis 4:1-2.

"Yo estaba en el Espíritu en el día del Señor, y oí detrás de mí una gran voz como de trompeta". Apocalipsis 1:10.

"Y me llevó en el Espíritu al desierto; y vi a una mujer sentada sobre una bestia escarlata llena de nombres de blasfemia, que tenía siete cabezas y diez cuernos". Apocalipsis 17:3.

"Y me llevó en el Espíritu a un monte grande y alto, y me mostró la gran ciudad santa de Jerusalén, que descendía del cielo, de Dios". Apocalipsis 21:10.

Pedro y Juan de forma sobrenatural fueron sacados de la cárcel por un ángel.

"Mas un ángel del Señor, abriendo de noche las puertas de la cárcel y sacándolos, dijo". Hechos 5:19.

Hechos 10:10 relata que Pedro estando en oración le sobrevino un éxtasis, y vio el cielo abierto. La palabra éxtasis en griego es *ekstasis*. Palabra compuesta; *ek* significa "fuera de" y *stasis*, "estar". La palabra se usaba para referir cualquier desplazamiento, y por ello, especialmente en referencia a la mente, de aquella alteración de la condición normal mediante la cual la persona es arrojada fuera de su estado natural, de tal manera que cae en un trance. Pedro tuvo una experiencia sobrenatural y le fue revelado el cielo. Más adelante en el pasaje bíblico Pedro escucha la voz de Dios dándole instrucciones.

Pablo explica en 2 Corintios 12:2 una experiencia en donde dice que no sabe si fue en el cuerpo o fuera del cuerpo, en donde fue arrebatado al tercer cielo. Lo que es en la esfera espiritual lo es en la natural. Lo que es arriba es abajo. Lo espiritual influye sobre lo natural y lo determina. Cuando hablamos de la esfera espiritual, estamos hablando de una dimensión que va por encima de lo natural. En otras palabras, lo sobrenatural y lo natural se manifiesta paralelamente en este mundo. Todo lo que el ser humano haga en la esfera natural tiene su efecto en la esfera espiritual.

Lo espiritual es lo sobrenatural. Lo espiritual es la naturaleza más elevada, la más alta. Fuimos creados a imagen y semejanza de Dios. O sea que somos seres espirituales como lo es nuestro Padre. Esa es nuestra particularidad, naturaleza o esencia, dígalo usted como usted quiera, lo cierto es que somos seres espirituales.

Dios es Espíritu, no tiene cuerpo de carne. Cristo al igual que el Padre es Espíritu, por eso para manifestarse al hombre tuvo que entrar en la esfera terrenal en un cuerpo de carne o natural. Cristo es un espíritu encarnado que entró en la esfera terrenal ejerciendo todo poder y autoridad espiritual. Ahora Dios busca cuerpos dispuestos y rendidos a su señorío para manifestar y establecer el Reino de vuelta en la tierra.

El ser humano es espíritu en esencia, pero también es carne. El ser humano puede operar en ambas esferas al igual que el Cristo encarnado. Dios no puede porque Él es Espíritu y no se manifiesta al hombre de la misma manera, por eso busca quienes se sujeten a Él por libre albedrio.

Somos el instrumento de Dios para operar de un sistema al otro. Del sistema espiritual al natural, y viceversa. Somos la puerta para que Dios entre en el mundo natural. Dios es Espíritu, y los espíritus, aunque pueden habitar en este mundo, no pueden manifestarse al hombre o en el hombre si no es en un cuerpo encarnado. Jesús se movía en ambas esferas, la natural y la espiritual. Un día vino a sus discípulos andando sobre las aguas y creían que era un fantasma (Mateo 14:25). En Marcos 9:2 Jesús tomó consigo a Pedro, a Santiago y a Juan y los llevó a ellos solos a un monte alto. A la vista de ellos su aspecto cambió completamente, se transfiguró.

Al igual que Jesús, todo hijo de Dios tiene la capacidad, autoridad y poder para restaurar todas las cosas en la esfera terrenal y de esa manera establecer el Reino. En Génesis vemos que Dios le entregó al hombre todo dominio. Le corresponde al hombre asumir su responsabilidad en el asunto. Estamos en un mundo donde ambas esferas son manifiestas. La espiritual y la natural. Entonces estamos hablando de que el cielo y el infierno, ambos declaran su manifestación y efectividad en este mundo todos los días. Negar la existencia del mundo espiritual sería negarnos a nosotros mismos y a Dios, porque en esencia somos seres espirituales, creados por un Dios que es Espíritu.

Quizás usted se esté preguntando: ¿Cómo se entra en el espíritu? Se entra en el espíritu cuando se vencen los apetitos de la carne y las demandas del alma. Se entra en esta esfera cuando le crees a Dios. Los apóstoles fueron probados y marcados por el evangelio de Jesucristo. Se rindieron a los pies de aquel que los redimió. Fueron sanados y liberados por Cristo para poder cumplir con el plan de propagar el evangelio a las naciones. De otra manera hubieran sucumbido ante las presiones y persecuciones del gobierno que imperaba en aquel entonces. Para moverse en la esfera espiritual se requiere estar lleno del poder del Espíritu Santo de Dios. Para entrar y moverse en la esfera espiritual se requiere estar sano en el alma. Cuando ya no se escuchen los reclamos, dolor y voz del alma, es cuando comenzamos a entrar al nivel espiritual. Es por eso que necesitamos estar sanos para ejercer dominio en esta esfera.

Otros aspectos importantes para entrar en esta esfera es fluir en los dones del Espíritu. La persona debe fluir en el don de ciencia, sabiduría y discernimiento de espíritu. La obediencia, cuando Dios dice "profetiza y habla", es significativa en el proceso. Decretar y establecer la Palabra con autoridad del Reino. La Palabra y los actos proféticos establecidos en la esfera natural tendrán su efecto en la esfera espiritual.

Las personas que operan influenciados por las prácticas del ocultismo actúan siguiendo estos principios espirituales. Conocen y afectan el mundo natural utilizándolos y siendo dirigidos por los poderes de las tinieblas. Para hacer un trabajo de hechicería, hacen un muñeco de trapo, le atan las piernas, le colocan alfileres, y comienzan a hacer decretos y conjuros sobre la persona que quiere afectar. La víctima, si no tiene la sangre de Cristo como protección y tiene puertas de pecado abiertas, estará desprotegida, y Satanás y sus demonios se activarán para llevar a cabo su trabajo.

Hay cuerpo animal y cuerpo espiritual

La Biblia dice en 1 Corintios 15:44 que *"Hay cuerpo animal, y hay cuerpo espiritual"*. Un cuerpo natural, y también hay un cuerpo espiritual. La *Biblia Latinoamericana* del 95 lo dice de la siguiente manera: *"Pues si los cuerpos con vida animal son una realidad, también lo son los cuerpos espirituales"*.

Cuando se habla de cuerpo espiritual, *pneumatikos* en griego, siempre connota la idea de invisibilidad y poder. Aquí entran las huestes angélicas, ángeles de Dios y ángeles caídos o demonios. Son inferiores a Dios, pero más elevados en la escala del ser que el hombre en su estado natural. El cuerpo animal o natural es la más baja. Esa es la que está controlada por los ánimos, por lo emocional, por lo carnal. Esta naturaleza pertenece a la *psuquikos*, en griego, y es perteneciente a la *psique*, al alma.

Ejercicios completos

¿Por qué exponer este fundamento antes de entrar de lleno en el modelo del Tabernáculo? Entendamos que todo ministro de liberación, pastor y consejero que tiene la encomienda de sanar y liberar al pueblo de Dios, deberá llevar a cabo el ejercicio completo. No es solamente educar, aconsejar, instruir y ministrar la Palabra. Toda vez que se enseñen los principios revelados en el Tabernáculo de Moisés, deben llevarse a cabo actos proféticos quebrantando los grilletes, cadenas, lazos, coyundas de opresión, puertas de hierro, cerrojos de bronce y todas las forjas del imperio de las tinieblas. Debe hacerse guerra espiritual y ministrar sanidad para el alma y el cuerpo. El gran reto que tenemos por delante es sacar a nuestros hermanos en Cristo de todo cautiverio.

La iglesia tiene que levantarse más agresiva en el ministerio de la liberación y llevar a cabo el ejercicio completo. No es meramente hacer una "oracioncita" a esa alma que suplica lo ayuden a ser libre. No es decirle a esa vida "créelo por fe", es mucho más que eso. Es pelearla y arrancarla de las garras del enemigo, de la misma manera que David le arrebataba la presa a las fieras del campo que atacaban su rebaño. La iglesia de hoy necesita esa unción. Es muy fácil pararse en el púlpito y predicar la Palabra, cualquiera con buen entendimiento puede hacerlo, pero meterse en la esfera del espíritu, ayunar, buscar la santidad para luego enfrentarse al enemigo y liberar las vidas de las garras del infierno, eso es hacer el ejercicio completo, y lamentablemente muy pocos están dispuestos a pagar el precio.

Entendamos que en la esfera natural los individuos que han trasgredido la ley y han sido encontrados culpables, se les colocan unas esposas y son llevados presos. Una vez en la prisión el individuo no tiene el control de la llave. La llave la tiene una persona de autoridad y ésta es la única que puede abrir y cerrar la puerta. En la esfera espiritual ocurre lo mismo. Se necesita de alguien con autoridad del Reino que abra la puerta y libere al cautivo.

Las vidas que están en cautiverio no pueden desatarse y salir de la cárcel por si solas, alguien tiene que abrir la prisión en donde se encuentran, soltar sus amarras y sacarlos a la luz. Estas vidas apenas tienen fuerzas para salir, están débiles, muchos de ellos necesitan el soplo de Dios y el poder de resurrección para poder salir de esos sepulcros. Esto se puede llevar a cabo, bajo la unción del Espíritu Santo, en actos apostólicos y proféticos. Lo que es en la esfera natural tendrá su respuesta y activación en la esfera espiritual.

Por años hemos practicado la orientación y discipulado del creyente, ministrando y echando fuera demonios, y créalo, es sumamente agotador. Son largas las horas que se le dedican a las personas, y a la larga no se era tan efectivo como uno esperaba. Faltaba algo, el ejercicio no estaba completo. Tenemos que hacer el ejercicio completo, no solo echar fuera los demonios, tenemos que romper sus cadenas y sacarlos de sus prisiones. ¡Gracias le damos al Espíritu Santo una y otra vez, porque sin Él nada podemos hacer!

Jesús descendió a las partes más bajas de la tierra para quitarle al diablo el poder con que hace cautivos a los hombres.

Efesios 4:8-10 dice: *"Subiendo a lo alto, llevó cautiva la cautividad, Y dio dones a los hombres. Y eso de que subió, ¿qué es, sino que también había descendido primero a las partes más bajas de la tierra? El que descendió, es el mismo que también subió por encima de todos los cielos para llenarlo todo".*

Él descendió a los lugares bajos, y cuando ascendió se llevó consigo a los cautivos. Él llevó cautiva una hueste de cautivos. No fueron dos o tres, sino un ejército de gentes que estaban cautivas. ¡Gloria a Dios! Porque mayores cosas haremos nosotros, su iglesia, bajo la unción apostólica y profética proporcionada por el Espíritu de Dios.

Por amor a Dios y casi suplicante, le decimos a usted, querido lector, el pueblo de Dios necesita ser liberado y se necesita de siervos que se paren en la brecha y peleen esta batalla cósmica. ¡Destruyamos los imperios y diseños levantados por Satanás y sus huestes de maldad!

Testimonio

En la práctica nos encontramos con muchos cristianos oprimidos por el diablo que no hablan por temor a ser mal entendidos. Gentes que tienen grandes luchas y no quieren volver atrás. Ejemplo de ello lo es el testimonio de un joven que practicó la santería por muchos años. Hizo siete pactos de sangre, cada pacto era un nivel más elevado y con adquisición de dones dados por el diablo. Bebió sangre de animales, hizo conjuros con huesos de cadáveres humanos y mucho más. Se convirtió y comenzó a caminar en el Señor. Destruyó toda la parafernalia utilizada en sus prácticas. Limpió la casa física y cerró toda puerta en el mundo natural.

Se bautizó, y pasado un tiempo comenzó a tener sueños en donde espíritus de las tinieblas querían que él se volviera a colocar las vestimentas de santería. En el sueño peleaba con ellos, porque no quería que se las colocaran y lo iniciaran nuevamente en la santería. Querían colocarle los collares, una bata blanca, le traían el caldero que usaba para las hechicerías y conjuros. Él resistía cruzando las manos sobre su pecho y pateando el caldero y a los espíritus. La tortura y opresión le llegaba cada noche. La opresión era tal que se despertaba con fuertes palpitaciones y apenas podía dormir. Se decidió a pedir ayuda, lloró mucho delante del Señor y clamó a Él porque no quería volver a pecar.

En un acto apostólico y profético se decretó que la puerta y las cadenas que lo mantenían cautivo fueran rotas; fue tomado de la mano y sacado de esas tinieblas a lugares espaciosos y de mucha luz. Toda vez que caminábamos en la esfera natural, a su vez estábamos caminando en el mundo espiritual y saliendo de ese lugar. El joven apenas tenía fuerzas para caminar; salió un rugido demoniaco de su garganta, se torció su cuerpo. Satanás quería retenerlo, pero no pudo; acto seguido y sin dificultad salió de ese lugar y fue libre.

El joven refirió lo que había experimentado en su liberación. Relató que apenas podía ver el lugar de su cautiverio, estaba atado y no podía moverse. Dada la oración profética, él veía cómo el diseño de muerte en donde estaba se destruía, vio explosiones y cómo una luz resplandeciente lo sacaba del lugar. Cayó en reposo, y al salir de él señaló que padecía de dolor en las muñecas de las manos y en el pecho. De forma milagrosa se había ido el dolor. Días después señaló que estaba durmiendo extraordinariamente en paz.

¡Gloria a Dios por la unción delegada a la iglesia para liberar al cautivo! ¡Gloria a Dios porque cuando la Palabra sale por nuestra boca es como un proyectil de alto calibre! Entendamos que cuando hablamos de parte de Dios liberando al cautivo, la Palabra tiene el poder de activar la esfera espiritual y manifestar sus efectos en la esfera terrenal. Puestos de acuerdo, tanto el ministro como la persona ministrada, y creyendo en el corazón, fácilmente se establecerá el reino de Dios aquí en la tierra.

Jesús nos guiará en el ministerio

Isaías 49:8-10 dice: *"Así dijo Jehová: En tiempo aceptable te oí, y en el día de salvación te ayudé; y te guardaré, y te daré por pacto al pueblo, para que restaures la tierra, para que heredes asoladas heredades; para que digas a los presos: Salid; y a los que están en tinieblas: Mostraos. En los caminos serán apacentados, y en todas las alturas tendrán sus pastos. No tendrán hambre ni sed, ni el calor ni el sol los afligirá; porque el que tiene de ellos misericordia los guiará, y los conducirá a manantiales de aguas".*

Vemos unos comandos muy claros. Restaurar la tierra, ordenar a los que están en tinieblas que salgan, que se muestren para que sean trasladados a lugares de bienestar. La Palabra es viva y eficaz, solo tenemos que decretar la Palabra. Activar la fe, y si Dios lo dice, lo único que tenemos que hacer es obedecer.

Nosotros como sacerdotes del Reino tenemos autoridad sobre todo lo creado en la esfera natural y en la espiritual. Debemos creer con todo nuestro corazón que Él nos guiará y encaminará por amor de su nombre (Salmo 31:3).

Cárceles en el mundo espiritual y físico

La Biblia refiere pasajes que hablan de lugares de oscuridad y tinieblas en oposición a lugares de luz:

- Job 10:22 refiere una tierra de oscuridad, lóbrega, como sombra de muerte y sin orden, y su luz es como densas tinieblas.

- Jeremías 13:16 habla de montes de oscuridad.

- Isaías 24:22 habla de fosas y redes. También de mazmorras en donde serán castigados. Pueblo que andaba en oscuridad y vivían en densas tinieblas y vieron luz.

- Apocalipsis 20:7 dice que Satanás será suelto de su prisión.

- Ezequiel 32:23 habla de una fosa *"y su gente está por los alrededores de su sepulcro; todos ellos cayeron muertos a espada, los cuales sembraron el terror en la tierra de los vivientes"*.

- Isaías 38:17 platica de un hoyo de corrupción por causa de la amargura y del pecado: *"mas a ti agradó librar mi vida del hoyo de corrupción"*.

- Efesios 2:6 refiere que Dios *"nos hizo sentar en los lugares celestiales con Cristo Jesús"*.

- Filipenses 2:10 reseña que existen dominios terrestres, debajo de la tierra y celestiales y todo lo que hay en ellos tendrá que doblar sus rodillas ante Cristo.

Son cientos y cientos los pasajes que hablan de estos lugares en la esfera espiritual, y enumerarlos nos tomaría un libro completo.

Veamos qué es una cárcel. En idioma hebreo cárcel significa "mazmorra", y una mazmorra es lo siguiente: es una prisión subterránea, normalmente construida bajo un castillo.

Consiste de una habitación con una puerta pesada. Se usaba para torturar a los presos.

La tortura era el acto de causar daño físico o psicológico intencionalmente, vinculada al dolor físico, y en muchos casos la víctima llegaba hasta la muerte. La víctima sufría daños de muchas maneras. Se le causaba daño físico y psicológico. Se le proporcionaban golpes, rotura de huesos, desgarres musculares, castración emocional o física, aplastamiento, cortes, descargas eléctricas, desfiguración, quemaduras, aplicación de temperaturas extremas, ingestión de productos químicos, ingestión de elementos cortantes, baños con sustancias químicas corrosivas, ahogamiento, violación, privación del sueño o posturas corporales incomodas y muchas más.

Los daños a nivel psicológico se realizaban mediante la privación sensorial. A la víctima se le restringía total o parcialmente de estímulos en uno o más de los sentidos. Le vendaban los ojos o le colocaban capuchas e instrumentos que le cubrieran los oídos. Le bloqueaban la visión y la audición respectivamente. Otra forma de aplicar la tortura era bloqueando los sentidos del olfato, tacto o gusto. En algunos casos aplicaban al individuo tormentos en la percepción de la temperatura del cuerpo. Lo privaban de forma prolongada de recibir una temperatura adecuada al cuerpo. Con ello lograban que la persona comenzara a experimentar ansiedad extrema, alucinaciones, pensamientos extravagantes, depresión y comportamiento antisocial.

Con ello pretendemos que usted, querido lector, comprenda, que esto que ocurre en el mundo natural, de igual manera también se manifiesta en el mundo espiritual. Estos diseños existen, son reales y las personas experimentan en el mundo natural lo que ocurre en la esfera espiritual.

Estamos hablando de estructuras y de todo un plan diabólico. Satanás ha querido privar al ser humano de todo contacto sensorial. Las caricias, besos y abrazos son expresiones de amor. El plan diabólico es castrar emocional y espiritualmente al ser humano. ¿A caso no es cierto que en el mundo entero niños son dejados en las cunas por prolongados periodos de tiempo, dejados y privados de alimento y de todo tipo de estímulo positivo por parte de la madre o del padre? Niños que los dejan llorar por largos periodos sin prestarle atención, hasta que de tanto llorar quedan exhaustos. Este tipo de experiencias crea individuos delincuentes y carentes de los valores y la moral del reino de los cielos. Tienen el corazón endurecido por las carencias afectivas de sus progenitores. Las experiencias negativas en el seno del hogar o en el medio ambiente fragmentan el alma y Satanás los lleva cautivos. En la esfera espiritual muchos son los individuos que caen en estos cautiverios cuando sufren abuso emocional, verbal y físico.

¿Qué busca la tortura psicológica? En general busca la ruptura de la identidad, autoestima y la resistencia moral del detenido. La tortura psicológica a estos individuos en las mazmorras era tal que la persona accedía a los deseos de su verdugo, sean estos cuales fueran. Una vez el individuo cae en una mazmorra espiritual, el interés del enemigo es que acceda más fácilmente a sus deseos, a sus estructuras, y no pueda zafarse de ellos. Desde allí induce todo mal posible, aflige, atormenta y tortura el alma, la mente y el cuerpo. Satanás tiene como fin robar, matar y destruir la moral y valores divinos en el ser humano. Intimidar, traer mucho temor, fracaso, soledad y mucho más. Estos diseños tienen como propósito desequilibrar el estado emocional del ser humano. Opera de forma sistemática, ordenada, consecuente y persistente con el fin de forzar a la víctima a cumplir su deseo.

Mateo 18: 23 refiere la parábola del siervo que no quiso perdonar. En el versículo 34 refiere que fue entregado a los verdugos. La palabra verdugos en griego es *"Basanistes"*, uno que consigue información mediante la aplicación de tormentos. Estamos hablando de atormentadores, de un torturador. Una parábola es una alegoría, y en este caso es una comparación de algo que ocurre en la tierra paralelo con lo que ocurre en la esfera espiritual.

Testimonio

La Biblia es real y nos confirma todo lo que en ella está escrito. Como evidencia de ello relatamos este testimonio. Se trata de una mujer de unos sesenta años de edad y con más de quince años de convertida. Asiste a consejería con una depresión severa. Refiere que cayó en esa depresión a partir del momento en que fue despedida del trabajo. Presenta un cuadro de mucho dolor emocional, en el cuerpo, en los huesos y rodillas. Problemas para doblar sus rodillas y bajar o subir escaleras. Llegaba con un bastón a las consejerías. Recopilando su historial personal y familiar percibimos que esta mujer está llena de mucha culpa, amarguras y resentimientos por eventos que ocuparon su jornada por la vida. En una de las entrevistas la confrontamos con sus sentimientos y referimos la parábola de Mateo 18. Se le aplica lo que llamamos "teoterapia", terapia por la Palabra de Dios, y la mujer al ser confrontada reconoció sus sentimientos de maldad y se arrepintió de su pecado, trabajó la culpa y el perdón.

Luego de ser ministrada por la Palabra en varias ocasiones, decidimos ministrarle liberación; pedimos al Espíritu Santo que nos mostrara su cautiverio, lloraba con gran dolor por haber ofendido a Dios. De pronto vio a los verdugos claramente, dijo que estaban encapuchados, veía y sentía ratas sobre ella y percibió el olor putrefacto del lugar. Oramos proféticamente quebrantando las puertas y cadenas. Ordenamos su libertad, los demonios se retiraban y no podían impedir su salida. Fue llevada a un jardín en donde vio una luz azul y luego un sol resplandeciente. Oramos por su sanidad física y emocional, cayó en reposo, y al levantarse quedó sana, rompió a correr de lado a lado sin experimentar ninguna molestia. Salió de la oficina contenta y sin dolor en su cuerpo. En el proceso de sanidad interior y liberación esta mujer fue sanada de sus rodillas. ¡Diez años enferma y fue sanada! ¡Gloria a Dios! Un corazón contrito y humillado es lo único que se necesita, Dios lo hace y el infierno no puede retenernos.

¡Hay buenas noticias! La buena noticia es que todo ser humano tiene la esperanza de salir de estas prisiones, ser libre de todo dolor y enfermedad del cuerpo y del alma.

¡Póngase de acuerdo con el Reino de los cielos!

La iglesia no puede ignorar el hecho de que tenemos que trabajar con las regiones de cautividad del alma. Existen teorías teológicas que indican que el espíritu es liberado en el momento de la conversión a Cristo, pero el ejercicio estará incompleto sino no se libera el cuerpo y se sana el alma. Trabajar con el alma es un aspecto sumamente importante para que el creyente reciba la total liberación, de lo contrario el proceso será extenuante tanto para el ministro como para el creyente. A nivel del alma, ésta pudiera estar en cautiverio por causa del pecado, traumas, pactos y herencia generacional. Creemos que aun el espíritu pudiera estar infectado por las prácticas idolátricas. El tema es uno de niveles profundos en liberación, es de revelación profética y autoridad espiritual. ¡Pero en la autoridad de Cristo se puede! Por tanto les exhortamos a ponernos de acuerdo con el reino de los cielos. Lo que ustedes digan en la esfera natural, si está alineado al cielo, Dios lo respaldará.

Mateo 18:18-19 nos dice: *"De cierto os digo que todo lo que atéis en la tierra, será atado en el cielo; y todo lo que desatéis en la tierra, será desatado en el cielo. Otra vez os digo, que si dos de vosotros se pusieren de acuerdo en la tierra acerca de cualquiera cosa que pidieren, les será hecho por mi Padre que está en los cielos".*

Si el Señor nos ordena que liberemos al cautivo y que soltemos sus ligaduras, que echemos fuera demonios, que sanemos al enfermo, y nosotros como embajadores del Reino obedecemos, entonces nos estamos poniendo de acuerdo con el Padre, y el Padre respaldará nuestra acción aquí en la tierra. ¡Sincronicemos con el Padre! Le aseguramos que usted comenzará a caminar en la sobrenaturalidad de Dios. Esto es lo que está determinado para los postreros tiempos.

Capítulo III

ANTES DE SEGUIR ADELANTE, permítanos referir la estructura y algunos datos básicos del Tabernáculo. En Éxodo, capítulo 25 en adelante se nos explica su estructura, los elementos y su mobiliario. El Tabernáculo de Moisés en el idioma hebreo es llamado "*mishkán*", y significa "morada". Fue el santuario móvil construido por los israelitas en el desierto durante el éxodo de Egipto. Fue edificado como lugar de adoración a Dios. Si lo aplicamos a nuestros tiempos pudiéramos decir que era una iglesia, templo o estructura ambulante que iba con ellos a dondequiera que se trasladaban.

En general, la descripción del Tabernáculo es como sigue: era una carpa movible que contenía varias cortinas y cubiertas sobre una estructura de madera. Tenía tres departamentos o lugares: el Lugar Santísimo, el Lugar Santo y el atrio exterior.

Cada demarcación tenía piezas particulares de mobiliario; en el Lugar Santísimo teníamos el arca del pacto, allí habitaba la presencia de Dios y se manifestaba su gloria. Era aquí donde Dios se comunicaba con el hombre y habitaba en medio de su pueblo, Israel. El Lugar Santo contenía el altar de oro para el incienso, la mesa de los panes y el candelero de oro. El atrio exterior contenía el altar de bronce y el lavacro de bronce.

El propósito divino del Tabernáculo se encuentra plasmado en Éxodo 25:8, donde dice: *"Y harán un santuario para mí y yo habitaré en medio de ellos"*. Éxodo 25:9 (DHH) nos aporta cómo debía construirse ese santuario: *"Pero ese lugar donde yo he de habitar, y todos sus muebles, tienes que hacerlos exactamente iguales a los que te voy a mostrar"*.

Vamos a discutir los elementos del Tabernáculo de Moisés de afuera hacia adentro. Veremos la liberación del hombre de afuera hacia adentro, de lo natural a lo espiritual. ¿Por qué? Porque el orden en que nuestra alma percibe e interpreta la verdad es desde el mundo natural hacia lo espiritual.

Cortina de lino fino

Lo primero que observamos desde afuera del Tabernáculo es una inmensa cortina blanca. Por un instante cierre sus ojos y visualice esta imagen. Usted está en el desierto, y en su recorrido alcanza a ver un paño gigante y blanco. Es tan blanco que llama su atención de forma sobrenatural. ¡Usted se está acercando al reino de los cielos! Sea usted bienvenido, porque el reino de los cielos se ha establecido en la esfera terrenal y está a su disposición si es que usted quiere entrar.

Éxodo 27:9-19 nos señala que lo primero que distinguimos a distancia es una cortina exterior. Esa cortina exterior era de lino fino. ¿Qué significado espiritual tiene esta cortina? Interpretamos el lino fino como un llamado a la conciencia del hombre, un llamado a la santidad y la justicia divina.

La cortina de lino fino actuaba como una pared que establecía unos límites entre Dios en el Tabernáculo y el hombre afuera. Esta pared se interpreta como un freno a toda mentalidad errada y evitar cualquier acercamiento equivocado al Tabernáculo de Dios. Dios le presenta claramente al hombre una imagen visual de un principio o ley espiritual.

El paso estaba abierto, el atrio era accesible a todos los israelitas para adorar, ellos podían ingresar a ese lugar a llevar sus ofrendas. Era bienvenido todo aquel que había sido redimido. Era el área más grande del Tabernáculo. Pero había una forma apropiada de acercarse. El reino de los cielos se distingue porque tiene orden y estructura definida. Por tanto allí tenemos que entrar con una mentalidad en correcta correlación con Dios. Aunque el atrio estaba descubierto, existía una manera prescrita por la cual uno debía entrar. Había un orden establecido y señalado de antemano por Dios.

El atrio exterior es el lugar determinado por Dios para empezar a relacionarse con Él. Nadie invita a un extraño a entrar al cuarto dormitorio de primera intensión, a menos que no haya una relación más íntima. Normalmente se comienza por el exterior de la casa, y en la medida en que madura la relación es que se logra un acceso al interior. De igual manera que es en lo terrenal es en lo espiritual.

Las cortinas del atrio tenían doble propósito. Para los que estaban afuera las cortinas actuaban como una muralla. Actuaban como separación entre el mundo exterior y lo celestial. Separaban la habitación de Dios o santuario de lo terrenal.

En el interior, la pared de cortina actuaba como un escudo que protegía del mundo exterior. Para todos aquellos que decidían entrar, éste se convertía en un lugar de protección, seguridad y estabilidad. Estas son necesidades inherentes a todo ser humano, y son suplidas por Dios cuando nos sujetamos a las demandas del Reino.

Santidad y justicia de Dios

El lino fino es simbólico de pureza. La cortina blanca representa el gran reto que el hombre deberá enfrentar; la santidad y la justicia de su Creador. Su humanidad justa y sin pecado. Para el individuo que requiera liberación, éste es el primer concepto del Reino al que deberá ampararse. Enfrentar el lino fino será y es para su propia conveniencia, aunque no lo entienda así. Deberá enfrentar la absoluta santidad de Dios, si quiere liberación emocional y espiritual. La demanda de Dios es radical: si queremos tener comunión con Él deberá ser bajo sus condiciones.

Dios nos muestra en el Tabernáculo lo que Él demanda en la edificación de su habitación. El creyente deberá entender que su condición es "santidad". Cuando Dios ha tratado con el pecado del hombre señala que debemos anhelar ser santos, porque Él es santo (Levítico. 11:44 y 1 Pedro 1:15,16). La cláusula es obligatoria, bajo ninguna circunstancia es negociable la santidad. Surge una gran batalla por decidir entre lo que el mundo ofrece y lo que el Reino exige para tener comunión con Dios en el Lugar Santísimo.

El individuo tendrá que activar su voluntad y determinarse a escoger entre lo santo y lo profano. El llamado de Dios es hacer diferencia entre lo que es santidad y lo que contaminó el templo. Lo carnal, lo desenfrenado, lo pervertido del mundo y la santidad. La demanda de Dios es radical, sin santidad nadie lo verá.

El hombre, por más compasivo y misericordioso que sea, y por mejores obras que haga, no podrá jamás disfrutar de tener comunión con Dios a menos que entre por la puerta que es Cristo, renunciando al pecado, a su ego y amparándose en la santidad y justicia divina. Deberá estar determinado a que ya no viva "él", sino "Cristo en él", como lo afirma Pablo.

Gálatas 2:20: *"Con Cristo estoy juntamente cruci-ficado, y ya no vivo yo, mas vive Cristo en mí; y lo que ahora vivo en la carne, lo vivo en la fe del Hijo de Dios, el cual me amó y se entregó a sí mismo por mí".*

El hombre tendrá que reconocer que hay algo mejor, más allá de lo que está viviendo. Tiene que salir de su interior un deseo y necesidad genuina de que Dios examine y escudriñe su corazón. Debe salir de la profundidad del corazón un grito de auxilio a su condición como pecador. Deberá reconocer su crisis existencial y desear meterse en el modelo de Dios. El individuo sin Cristo deberá comprender su condición pecaminosa y entender que no existe ningún justo ante los ojos de Dios. No existe defensa, alegato, excusa o argumento para justificar el pecado o rebelión en su vida. No existe, sencillamente no existe. Dios concedió al hombre dominio y este deberá activarlo para subyugar lo que un día le ató. El individuo que pretenda entrar en el Tabernáculo deberá conocer que no hay justo, ni aun uno.

Romanos 3:10-12,23: *"Como está escrito: No hay justo, ni aun uno; no hay quien entienda, no hay quien busque a Dios. Todos se desviaron, a una se hicieron inútiles; no hay quien haga lo bueno, no hay ni siquiera uno. 23 por cuanto todos pecaron, y están destituidos de la gloria de Dios".*

La cortina separaba al hombre de lo que acontecía en aquel lugar. Debía haber una separación clara entre el Tabernáculo de Dios y el mundo. La cortina estaba estableciendo unos límites claros y contundentes. La agenda escondida y objetivos personales del hombre no podrán ser establecidos en el atrio. Ese lugar, bajo ninguna circunstancia, era para razonar o argumentar con Dios las causas o motivos para actuar o moverse de tal o cualquier manera.

Toda fortaleza mental deberá ser derribada. Todo ser humano tendrá que entender y admitir su naturaleza corrupta, que perdió el rumbo, que se apartó del camino de la justicia divina y que solo en Cristo podrá recuperar lo perdido. La persona que no esté dispuesta a cambiar su sistema de creencias y persista en una mentalidad errada, se va a encontrar con el lino blanco y éste le será una gran barrera. Si insiste en los mismos patrones de conducta, pronto lo veremos apartado del Señor. Su entendimiento continuará entenebrecido y no tendrá claro las verdades y leyes espirituales del Reino, puesto que no quiere entender y mucho menos está dispuesto a sujetarse a ellas.

Este tipo de individuos son los que comienzan a criticar, a decir y a murmurar, porque entró al Reino con una mentalidad distorsionada. Tales personas están tratando de afiliarse al reino de Dios con sus "buenas obras", con sus sistemas de creencias y estilos de vida. Lo triste del caso es que estos individuos pretenderán filtrar y establecer sus métodos amañados y mentalidad contaminada dentro del Tabernáculo. Entran por la puerta con sus paradigmas, sin entender la mentalidad del Reino. Tratando de cubrir su insensatez con ritualismos religiosos.

Primer requisito

La cortina nos da a conocer nuestra necesidad de justicia como el primer requisito para acercarnos a Dios. Ser justificado por Dios significa ser declarado como uno que no es culpable. Significa ser contado como justo, como si nunca hubiese pecado. Dios estima nuestra justicia como trapos de inmundicia.

Isaías 64:6 lo refiere de la siguiente manera: *"Si bien todos nosotros somos como suciedad, y todas*

nuestras justicias como trapo de inmundicia; y caí-
mos todos como la hoja, y nuestras maldades nos lle-
varon como viento."

Somos gente impura al igual que todos nuestros "actos de justicia". Si reconocemos este hecho entonces estaremos dispuestos a ser santificados y cubiertos por la justicia
divina. Eso se llama humildad. De otro modo el hombre
estará excluido de su presencia. Su justicia rodea su morada
y elimina cualquier cosa impura e inmunda.

La cortina de lino fino revela lo que Dios es en sí, absoluta santidad. Estos son los absolutos de Dios, y el hombre
que pretenda tener comunión con Él tendrá que sujetarse a
ellos. Este es el mensaje tácito revelado en la cortina.

Mateo 6:33 refiere: "*Mas buscad primeramente el*
reino de Dios y su justicia, y todas estas cosas os se-
rán añadidas".

Toda persona que esté interesada en la liberación
emocional y espiritual deberá buscar primeramente el reino
de Dios y su justicia. En otras palabras, si la persona pone
toda su atención en el reino de los cielos y en hacer lo que es
justo ante Dios, recibirá todos los beneficios del Reino.

Hablar de la justicia de Dios es hablar de todo un
sistema de leyes, ordenadas y señaladas por Dios para que
sean reconocidas y obedecidas por el hombre. Es hablar de
todo aquello que es recto o justo en sí mismo, de todo lo que
satisface la voluntad revelada de Dios.

Recordemos que la liberación conforme al reino de
los cielos está sustentada sobre principios legales espirituales. Cuando el hombre transgrede las leyes del Reino, Satanás adquiere derechos legítimos sobre el hombre para matar,
robar y destruir todo lo que le pertenece.

Sin la justicia de Dios como cobertura el hombre no
podrá disfrutar de ella.

Dígale no al razonamiento humano

En el atrio hay luz natural; allí, aunque se tiene la luz de la Palabra de Dios, que es lámpara y lumbrera a nuestro camino como lo dice el Salmo 119:105, el hombre corre el riesgo de dejarse guiar por la luz natural del razonamiento humano y de sus propios intereses. En el atrio aún se está deslumbrado por el sol, la luna y las estrellas. No podemos entrar al atrio de manera equivocada. Esto debe quedar bien establecido en un proceso de liberación; el reino de Dios tiene gobierno y para entrar a él tenemos que sujetarnos a sus leyes espirituales. Ningún hombre podrá recibir liberación por más bueno y misericordioso que sea. Esto deberá establecerse rotundamente. No podrá recibir liberación a menos que no sea por la justicia de Dios. El hombre para ser libre no puede intentar establecer su propia justicia, sin someterse a la justicia de Dios. La justicia es un atributo de Dios. Es algo que adorna su carácter, y necesariamente juzga lo que está opuesto a Él: la iniquidad, el pecado y la rebelión.

Nadie puede venir a la presencia de Dios estableciéndole sus razonamientos humanos. Para ser libre, los razonamientos humanos tienen que pasar a segundo plano, y morir a ellos.

Romanos 2:14-16 nos aporta lo siguiente: *"Porque cuando los gentiles que no tienen ley, hacen por naturaleza lo que es de la ley, éstos, aunque no tengan ley, son ley para sí mismos, mostrando la obra de la ley escrita en sus corazones, dando testimonio su conciencia, y acusándoles o defendiéndoles sus razonamientos, en el día en que Dios juzgará por Jesucristo los secretos de los hombres, conforme a mi evangelio".*

Romanos 12:16 añade: *"Unánimes entre vosotros; no altivos, sino asociándoos con los humildes".*

No seáis sabios en vuestra propia opinión".

1 Corintios 3:18-20 nos dice: *"Nadie se engañe a sí mismo; si alguno entre vosotros se cree sabio en este siglo, hágase ignorante, para que llegue a ser sabio. Porque la sabiduría de este mundo es insensatez para con Dios; pues escrito está: El prende a los sabios en la astucia de ellos. Y otra vez: El Señor conoce los pensamientos de los sabios, que son vanos".*

La persona que quiera ser liberada deberá entender que las experiencias a lo largo de su vida hicieron que se le cegara el entendimiento, levantando mecanismos de defensa, creyendo en su propia justicia y en un gran número de mentiras que se adoptaron como verdades. Se levanta un velo espiritual que hace que el individuo vea el mundo desde una perspectiva errada. Ese velo solo será quitado si aceptan las verdades reveladas por Dios en su Palabra. Bien nos dice la Palabra que nuestro entendimiento debe ser alumbrado, de lo contrario andaremos en el atrio siguiendo nuestros propios deseos y en crasa rebelión contra Dios. Andando con Él, pero en oposición a Él.

Liberación bajo las condiciones y territorio de Dios

El pacto con Dios es claro, Dios quiere habitar en medio de su pueblo redimido pero bajo sus condiciones y en su propio terreno. El individuo tendrá que someterse libre y voluntariamente a las exigencias divinas si quiere ser libre. Es necesario lo uno para el cumplimiento de lo otro. Esto es algo que se le deberá impartir a todo aquel que busque liberación. Note que la construcción del Tabernáculo tenía que hacerse exactamente igual a como Dios le había mostrando a Moisés. Quiere decir que la persona que aspira a ser libre no puede serlo bajo sus propias condiciones y mucho menos en su terreno.

A lo largo de nuestra jornada en el campo de la liberación nos hemos topado con individuos que presentan serios síntomas de demonización. Son afligidos y atormentados por los demonios, pero no están dispuestos a dejar el pecado. Quieren que los síntomas desaparezcan pero encubren el pecado, en realidad no están dispuestos a pagar el precio y abandonarlo.

Testimonio

Este es un varón de aproximadamente treinta años de edad. Atormentado y afligido por espíritus de las tinieblas. Un hombre con un gran talento en la música y levita en la iglesia en la cual se congregaba.

Respondemos al llamado por insistencia de su esposa y del hombre que ya no podía más con la opresión y no sabía qué hacer. En privado con él negó todo vínculo con el pecado. Los demonios se aferraron a él como un perro hambriento que por nada soltaría su presa. En el proceso el Espíritu Santo nos revela que hay pecado oculto. Cuando es confrontado lo negó rotundamente. Nos fuimos del lugar frustrados porque no pudimos hacer nada por aquel pobre hombre.

Pasaron par de semanas cuando su esposa descubre que le estaba siendo infiel. El Espíritu Santo no se había equivocado y habíamos escuchado su voz. Lamentable es decir que las personas se engañan y pretenden burlar a Dios. Este varón quería ser libre bajo sus condiciones y en su terreno.

Existen miles de creyentes en nuestros templos que están siendo oprimidos, torturados, afligidos, etc., por el enemigo, pero no están dispuestos a dejar el pecado. Estos no podrán ser libres de la fornicación, adulterio, lujurias, pornografía, falta de perdón, mentir, etc., si insisten en perpetuar el pecado. Si existe pecado activo que no se está dispuesto a dejar, no habrá liberación. Quieren ser libres pero en su terreno, y el reino de Dios no opera de esa manera.

Sigue las instrucciones al pie de la letra

Cuando Dios le dio las instrucciones a Moisés de cómo hacer el Tabernáculo, se registra un sinnúmero de veces "no te olvides de hacerlo como yo te lo mostré". Tenía que seguir las instrucciones tal y como se las habían dado. El deseo de Dios es tener amistad y habitar con el hombre, y a pesar de eso existe una condición y es que deberá ser únicamente en su propio terreno o condiciones y en sus propios estatutos y ordenanzas. Si conocemos la simbología y tipología del Tabernáculo, podremos apreciar y entender el propósito de Dios para liberar al hombre claramente. Éstos son principios que siguen vigentes en nuestros tiempos. Nos conviene seguir sus instrucciones.

Todo el que entra al Tabernáculo debe establecer como objetivo final el tener plena comunión con Él y experimentar Su gloria. Se experimenta Su gloria cuando somos libres a nivel emocional y espiritual. Se experimenta Su gloria cuando nos sometemos libre y voluntariamente a las condiciones establecidas por su Reino. Se experimenta Su gloria cuando dejamos a un lado nuestras justificaciones y nos cobijamos bajo la justicia divina. Se experimenta Su gloria cuando reconocemos que para acercarnos a Él tenemos que revestirnos de Su santidad.

En el territorio de Dios, el hombre no puede pretender y mucho menos justificar que su pecado sea aceptable. Delante de Dios el hombre no puede venir con sus escritos o sus pruebas, exponiendo sus razones con el propósito de que sean aceptadas por Dios. El hombre inclusive pudiera buscar testigos que ha comprado con sus palabras engañosas para justificar su conducta. Esto lo vemos frecuentemente en terapia de parejas. Cuando tenemos un individuo que es un agresor emocional o físico, con mucha astucia y claro está tomado por un espíritu de mentira, busca adeptos que fortalezcan sus argumentos. El juego es completamente satánico. Triste es la condición de aquel que no asume su responsabilidad en su condición pecaminosa y se apropia de la santidad y justicia de Dios. Creemos con mucho temor y temblor que éstos están destinados a la perdición.

El mensaje es claro, para establecer un vínculo con el Creador tenemos que estar determinados a separarnos de lo que un día nos extravío y torció en nuestra relación con Él. Los que permanecen afuera de la puerta están perdidos, los que entran por la puerta reciben la salvación. El individuo que se queda fuera elige quedarse en el terreno del desierto donde Dios no gobierna. El que decide entrar, será sumamente importante y significativo que entre en el terreno de Dios, con un deseo ferviente de sujetarse a las leyes del Reino, a sus estatutos y a sus mandamientos. Este tipo de creyente alcanza madurez y cargan presencia de Dios, que resulta evidente al que lo rodea. Mientras más sujeción a los principios del Reino, mayor peso de gloria recibirá.

Si el individuo no admite la necesidad de la justicia divina, el mensaje oculto detrás de su mente es que tampoco tiene la necesidad de un Salvador. Pero establecidos en la justicia divina la opresión estará lejos, el individuo no tiene nada que temer, porque el terror estará muy lejos y no se acercará (Isaías 54:14). ¡Gloria a Dios por su justicia! ¡Aleluya!

Capítulo IV

POR CAUSA DE LA INIQUIDAD, el pecado, la rebelión, traumas y circunstancias adversas, el alma fue programada para pecar. El alma recibió conocimiento y preceptos del mundo que hicieron que la mente se alineara a diseños del infierno. Las estructuras de este mundo y sistemas mundanos alejan al individuo de los diseños, gobierno y estructuras celestiales. Ahora lo que Dios nos propone es que conquistemos lo que recibimos del mundo y le demostremos que podemos vivir por el Espíritu. El alma tendrá que ceder su reinado y negarse a seguir los deseos de la carne.

Las falsas creencias deben quedar al descubierto a la luz de las revelaciones del Tabernáculo. Dios nos propone un cambio de mentalidad que tendrá como fin primordial vivir una vida victoriosa en medio de un mundo lleno de mentiras. Dios nos reta a vivir en correcta relación con Él. Aunque se viva en este mundo, se puede disfrutar de la verdadera libertad. El Tabernáculo es y representa el gobierno de Dios establecido en este mundo. El mensaje que Dios quiere transferir al hombre es que es posible establecer su reino en la esfera terrenal.

La clave fundamental en cualquier proceso de liberación será ceder los supuestos básicos, o sea las falsas creencias y modelos adheridos al individuo durante su vida. El individuo deberá ir aceptando los caminos que lo conducirán a experimentar la presencia y gloria de Dios. Las personas que no están en contacto con la realidad nunca podrán ser liberadas. Solo la verdad los hará libres.

Dios depositó en mi vida todo lo que necesito

Antes de entrar en el Tabernáculo la persona deberá entender que todo el potencial está dentro de sí. La semilla, la simiente de Dios, habita dentro de él. La semilla de Dios está depositada en su vientre espiritual. La gloria de Dios habita dentro de él. Jesús lo dijo cuando oraba al Padre.

Juan 17:22: *"La gloria que me diste, yo les he dado, para que sean uno, así como nosotros somos uno"*.

Isaías 60:1-3 (versión DHH) nos dice: *"Levántate, Jerusalén, envuelta en resplandor, porque ha llegado tu luz y la gloria del Señor brilla sobre ti. La oscuridad cubre la tierra, la noche envuelve a las naciones, pero el Señor brillará sobre ti y sobre ti aparecerá su gloria. Las naciones vendrán hacia tu luz, los reyes vendrán hacia el resplandor de tu amanecer"*.

El Tabernáculo de Moisés es tipo y sombra del Tabernáculo terrenal. El Tabernáculo terrenal de Dios somos nosotros. De la misma manera que la presencia de Dios se encuentra en el Lugar Santísimo, asimismo Cristo habita en todo creyente lavado por su sangre.

Debemos preguntarnos: ¿Por qué no se manifiesta si ya está en nosotros? Dios quiere que conquistemos de afuera hacia adentro. De afuera es lo que recibimos del mundo y le demostremos que podemos vivir por el espíritu. Eso conlleva el ejercicio de la voluntad. Otro aspecto importante en el proceso es el ejercicio de la voluntad. La persona que busca liberación no podrá ser liberada si no ejerce voluntad para salir de sus cautiverios. Por años he ministrado liberación y vez tras vez me convenzo de que este elemento es sumamente importante.

¿Qué significa la palabra voluntad?

El diccionario define la palabra voluntad como una que proviene del latín *voluntas-voluntatis*, y significa "querer". Es un acto intencional, pensado, meditado. Es orientarse con decisión hacia algo que se considera positivo y valioso. Es una tendencia o preferencia por algo. Es tener un anhelo, una aspiración. Es tener una determinación o decisión firme por algo concreto después de haber evaluado las distintas posibilidades que se presenten. Es una acción o puesta en marcha de toda la personalidad para conquistar aquello que se quiere. Ejercer voluntad es un acto racional en donde el individuo hace un análisis crítico y objetivo de todo aquello que afectó su manera de pensar. Nace del análisis y evaluación de los valores e ideales y conduce al hombre maduro (espiritual) hacia metas alcanzables.

Las palabras voluntad y determinación son clave a la hora de acercarse al Reino. Relacionado al Reino, significa tener valor y firmeza en la manera de actuar. Es tener valor y fuerza para dejar atrás todo lo que ata al pecado y tomar la decisión de entrar al Reino. Bajo ninguna circunstancia debemos contemplar volvernos atrás. Tenemos que establecer de forma clara y exacta los límites con todo lo relacionado con la iniquidad, el pecado y la rebelión contra Dios. Tener la osadía de arrancar de raíz todo lo que nos separó de Dios. Todo es posible con el ejercicio de la voluntad y la determinación. El hombre tiene la facultad y la capacidad dada por Dios para hacerlo.

Si el individuo no hace cambios razonados, ejerciendo su voluntad para un alineamiento con los diseños establecidos en la Palabra de Dios, pronto veremos su autodestrucción y derrota. Si el individuo no ejerce voluntad para cambiar su sistema de creencias, evaluar y reinterpretar las situaciones que impactaron su vida, se sumergirá cada vez más en regiones de cautiverio muy profundas. Deberá entender e identificar creencias irracionales que fueron aprendidas en su jornada por la vida, y autoconstruidas con fundamentos diabólicos.

Testimonio

Esta es un mujer de aproximadamente 40 años de edad. Cargando con una depresión de muchos años. Además sentía una fuerte opresión maligna que la perturbaba constantemente. Su esposo le había sido infiel. Ella sostenía en sus argumentos que había perdonado a su esposo. Recopilamos información que nos ayudara a entender por qué la depresión estaba allí. ¿Cuál era el derecho legítimo que tenía Satanás para atormentar a esta hija de Dios?

Por discernimiento espiritual nos damos cuenta que ella está en depresión y oprimida por los demonios por dos razones. Primero, realmente no había perdonado, se había auto engañado, y número dos, por estar en depresión ella obtenía "beneficios". Explicó que cuando ella no tenía crisis de depresión el esposo cambiaba su conducta, y ella no poseía las mismas atenciones que cuando estaba en depresión. Su esposo se comportaba con ella espléndidamente cuando estaba "enferma". Gracias damos al Padre por el don de discernimiento.

Tras conversar con ella, reconoció que era cierto. Su esposo la trataba como una reina cuando ella estaba en depresión. Buscaba alagarla en todo y se desesperaba de verla así, obteniendo ella una aparente ventaja de la situación. La ayudamos a reinterpretar los hechos y le tocó ejercer voluntad para salir de su cautiverio. Tenía que aprender a depender del Señor y renunciar a la codependencia y manipulación con su esposo.

La Palabra de Dios es clara, la vida y la muerte están delante de nosotros y somos nosotros los que elegimos. Nos toca a nosotros escoger. Dios entregó al hombre la voluntad, le dio señorío y autoridad. La voluntad no la tiene Dios, pero tampoco la tiene el diablo. Él oprime e induce en la mente del ser humano sus maléficos diseños, pero sus ejecutorias al respecto tienen un límite. Le corresponde al hombre establecerlo.

Jesús nos dio su ejemplo

En Mateo 4:1-11 se registra cómo Jesús fue llevado por el Espíritu al desierto y allí fue tentado por el diablo. El maligno quiso seducirlo para apartarlo de la fidelidad a Dios. Jesús fue tentado por Satanás y lo único que podía hacer era lanzar sus artificios, pero no pudo tocar su voluntad. Jesús le refutó y le estableció límites utilizando la Palabra. Este evento se registra para beneficio nuestro; si Jesús lo hizo, todo creyente también lo puede hacer.

Jesús se nutría de hacer la voluntad del Padre. Lo que sostenía a Jesús era su obediente relación con el Padre (Juan 4:34). Jesús actuaba en todo tiempo conforme a la voluntad del Padre. No hacía nada por sí mismo (Juan 5:30). Jesús no hacía nada que no estuviera dentro de la voluntad del Padre.

Juan 6:38: *"Porque he descendido del cielo, no para hacer mi voluntad, sino la voluntad del que me envió".*

Juan 5:19: *"Respondió entonces Jesús, y les dijo: De cierto, de cierto os digo: No puede el Hijo hacer nada por sí mismo, sino lo que ve hacer al Padre; porque todo lo que el Padre hace, también lo hace el Hijo igualmente".*

Lucas 22:42: *"diciendo: Padre, si quieres, pasa de mí esta copa; pero no se haga mi voluntad, sino la tuya".*

Dios respeta la voluntad del hombre

En el diseño creado por Dios para el hombre, está el respeto a su voluntad. Por Dios fueron creadas todas las cosas concediéndole voluntad propia. Ejemplo de ello lo tenemos en el caso de Lucifer. Dios no ejerció dominio sobre la voluntad de Lucifer cuando se rebeló contra Él. Eso iría en contra de su propia naturaleza.

Lucifer tuvo la opción de ser fiel a Dios, pero escogió rebelarse. No solo eso sino que incitó a rebelión a otros ángeles creados santos. Se levantaron en oposición a su Creador. Abandonaron su fidelidad a Dios. Isaías 14:12-15 recrea la rebelión de Satanás contra Dios. Su rebelión tuvo grandes consecuencias, pero Dios nunca fue en contra de su voluntad. No los obligó a serle fiel. Ellos decidieron abandonar su pureza, santidad y bondad y adoptaron todas las características contrarias a la naturaleza divina.

Dios al igual que hizo con los ángeles creó al hombre colocando en él Su naturaleza. Crea al hombre y lo coloca en el huerto del Edén. Es allí donde el hombre decide romper su fidelidad a Dios. El hombre eligió y Dios no se lo impidió. Dios no tiene la voluntad del hombre, tampoco Satanás la tiene. El hombre decide a quien entrega su voluntad, al bien o al mal, a Dios o a Satanás. El hombre tiene la capacidad dada por Dios para decir "no" a la serpiente. Las huestes malignas tienen como fin primordial inducir al hombre a hacer lo malo, pero el hombre elije si lo hace o no. Voluntad y dominio le fueron concedidos al hombre desde el momento de su creación. Dios le dijo en el Edén, señorea, gobierna, elige. La voluntad del individuo debe querer la verdad de Dios, conocerla y obedecerla. La persona deberá hacer un esfuerzo espiritual para recuperar el terreno cedido al enemigo por su propia voluntad.

Conciencia del hombre

El tema de la conciencia es sumamente importante en la liberación y es menester hablar de ella. Exploremos algunos aspectos del tema.

La conciencia es la facultad, capacidad o aptitud natural que tiene la persona para discernir entre el bien o el mal. En ella operan aspectos de carácter moral. La conciencia impulsa al hombre a escoger. La ley de Dios está escrita en el corazón del hombre y es el hombre el que decide si la sigue o no. Quiere decir que cuando el hombre piensa en algo, ya sabe de antemano si está bien o mal.

Romanos 2:13-15: *"porque no son los oidores de la ley los justos ante Dios, sino los hacedores de la ley serán justificados. Porque cuando los gentiles que no tienen ley, hacen por naturaleza lo que es de la ley, éstos, aunque no tengan ley, son ley para sí mismos, mostrando la obra de la ley escrita en sus corazones, dando testimonio su conciencia, y acusándoles o defendiéndoles sus razonamientos".*

Puesto que la conciencia da testimonio al corazón del hombre, éste será responsable ante el tribunal de Dios. Las defensas, excusas o razonamientos del hombre quedarán sin fundamento alguno ante el tribunal de Dios. El Espíritu Santo habla a la conciencia del hombre. La conciencia posee la capacidad de escuchar al Espíritu Santo para que ponga en acción la voluntad. El ser humano que está sumergido en el pecado no experimentará la paz a no ser que ceda su voluntad a la voz de la conciencia. La gloria de Dios es imposible que sea manifiesta en la vida del individuo que rechaza oír la voz de Dios. El Espíritu de Dios ejerce la función de hablar a nuestras conciencias. Esa es una de sus funciones más importantes. Él nos reprende y nos corrige antes y después de conocer a Cristo. Es el que convence de pecado, justicia y de juicio. Dios en su soberanía nos permite discernir entre el bien y el mal, e impulsa al hombre para que escoja. Esto lo hace por vía de su Santo Espíritu.

Romanos 9:1 (DHH) dice: *"Como creyente que soy en Cristo, estoy diciendo la verdad, no miento. Además, mi conciencia, guiada por el Espíritu Santo, me asegura que esto es verdad".*

El pecado hizo que la conciencia se corrompiera, y ahora la tendencia del hombre será resistirla. Toda vez que resiste oír su voz y obedecerla, perderá la sensibilidad moral para responder a ella. Efesios 4:30 nos dice que el Espíritu se contrista, se entristece por la manera de vivir del que no quiere escuchar ni obedecer. Cuando esto sucede, el creyente será dirigido por los deseos de su carne y de su alma. Será engañado por los demonios. Estos le inducirán pensamientos engañosos. Le harán creer que Dios le está hablando cuando en realidad no es así. Creerán que Dios está con ellos y hace rato que el Espíritu de Dios se contristó. Le acontecerá igual que a Sansón.

Jueces 16:20 lo registra de la siguiente manera: *"Y le dijo: ¡Sansón, los filisteos sobre ti! Y luego que despertó él de su sueño, se dijo: Esta vez saldré como las otras y me escaparé. Pero él no sabía que Jehová ya se había apartado de él".*

Dios manifiesta al hombre, por vía de la conciencia, su voluntad y su santidad. El Espíritu Santo despierta en el hombre la conciencia entenebrecida por el pecado. La tendencia de una conciencia entenebrecida es conducir al hombre a razonamientos contaminados con todo tipo de maldad. Si el ser humano se humilla y responde al llamado del Espíritu cuando habla a su conciencia, entonces podrá ser restaurado y liberado. Si la conciencia del ser humano está dispuesta a confesar sus transgresiones, arrepentirse y reaccionar a las demandas del Espíritu de Dios, entonces será restaurado.

El Espíritu Santo es el que alumbra el entendimiento para que podamos advertir las leyes del reino de Dios. El Espíritu ilumina la conciencia para que reconozca su pecado, de la misma manera que la ilumina para que seamos salvos. Para que la liberación del ser se manifieste tenemos que responder a la conciencia, y por medio de la sangre de Jesús podemos entrar al Lugar Santísimo.

Hebreos 10:22 dice: *"acerquémonos con corazón sincero, en plena certidumbre de fe, purificados los corazones de mala conciencia, y lavados los cuerpos con agua pura".*

La purificación de la conciencia es la base para tener comunión con Dios. Nadie podrá entrar al Lugar Santísimo con una conciencia contaminada por el pecado. Si el Espíritu Santo redarguye de alguna ofensa, lo más conveniente es responder a su llamado, de otra manera no se podrá restablecer ninguna comunión con Dios. Solo una conciencia

"buena y limpia", rociada con la sangre de Cristo e ilumina-
da por el Espíritu Santo discierne claramente la voluntad
de Dios. El reino de Dios demanda una mente limpia y una
conciencia recta.

1 Timoteo 1:5: *"Pues el propósito de este mandamiento es el amor nacido de corazón limpio, y de
buena conciencia, y de fe no fingida".*

1 Timoteo 3:9: *"que guarden el misterio de la fe con
limpia conciencia".*

El individuo que ha ofendido a Dios lo sabe, la conciencia condenará su mala conducta, los pensamientos llegarán a su mente redarguyéndolo. La persona se afectará en
su ser integral y llegará el temor y la vergüenza de cercarse
a Dios. Le resultará sumamente imposible debido a que el
pecado lo apartará de su presencia.

Para tener comunión y presencia de Dios en nuestras
vidas tenemos que atender la voz de la conciencia y presentar-
nos delante de Él con un corazón sincero y en plena certeza
de fe. Cuando se tiene la conciencia enferma por el pecado, al
ser humano se le dificulta tener confianza en Dios. Puesto que
su corazón no es sincero, no puede mirar el rostro de Dios. En
la esfera natural cuando un hijo le miente, o le oculta a un padre la verdad, éste no puede mirarlo a la cara por temor a ser
descubierto, asimismo es en la esfera espiritual con Dios.

Por el contrario, cuando la conciencia está libre de
todo pecado, en el individuo no hay visos de condenación.
El Espíritu Santo no falla, Él desnuda nuestra condición
pecaminosa y muestra al corazón del hombre. El hombre
debe tener una conciencia sin ofensa no solo delante de
Dios sino también ante los hombres.

Hechos 24:16: *"Y por esto procuro tener siempre una
conciencia sin ofensa ante Dios y ante los hombres".*

Creemos ciertamente que las personas saben lo que tienen que trabajar cuando llegan a los caminos del Señor.

Vemos a muchos de ellos continuar en rebelión, desobedientes, el dolor del alma es tan profundo que puede más la frustración, ira y el coraje que llevan por dentro que escuchar la voz del Espíritu cuando habla a su conciencia. También somos testigos de muchos creyentes que acuden en busca de ayuda y están dispuestos a escuchar la voz de su conciencia y el Espíritu Santo se ha encargado de mostrarle y han salido airosos en el proceso. La opresión maligna se manifestará toda vez que exista una pequeña mancha en la conciencia. Esas manchas son utilizadas por Satán como la base legal para operar en el individuo. Eso será más que suficiente para que Satanás cause opresión, entorpezca y paralice la comunión con Dios. Satanás usará toda señal de pecado en la conciencia. La usará a su favor y con ello fortalecerá su plan de destrucción para con el individuo. Debemos darle lugar al Espíritu Santo cuando habla a la conciencia. Si le rechazamos, indudablemente andaremos en la carne, y la persona no podrá salir de sus cautiverios.

¡Sigue la guía de la conciencia!

Principio importante para la liberación emocional y espiritual es ser fiel a la conciencia. Seguir la guía de la conciencia es una señal de crecimiento, madurez emocional y verdadera espiritualidad. Si el creyente no permite que la conciencia haga su obra, no podrá entrar en el Lugar Santísimo. Entrar en el Lugar Santísimo es entrar al nivel más alto en la esfera espiritual. La persona pudiera levantar sus argumentos para establecer que es espiritual porque está cumpliendo con los ritos religiosos. Dios no mide al hombre por la cantidad de ritos religiosos que haga. Recuerde que Jesús siempre fue en contra del fariseísmo religioso. La demanda del Reino es que amemos a Dios con todo nuestro ser y al prójimo como a nosotros mismos. Estos mandamientos son más importantes que cumplir con todos los ritos y deberes religiosos (Marcos 12:33). Todo aquello que es contrario al gobierno de Dios tiene que ser aniquilado, según lo indique la voz del Espíritu Santo a la conciencia. El proceso de santificación es ineludible. De no ser así, entonces no se han establecido los fundamentos espirituales del reino de Dios correctamente. No importa cuántas justificaciones y fortalezas espirituales se construyan, no sirven y con el tiempo todas ellas se derrumbarán. El individuo debe llegar al punto de entender que el pecado lo condujo a una problemática existencial y que el punto de vista asumido en el proceso no está alineado con el cielo. Deberá darse la oportunidad de reflexionar y escuchar la voz de la conciencia para salir de su problemática. Dios no puede ser burlado; de no recapacitar y humillarse un día verá su caída.

Si nuestra conciencia nos hace algún reproche es porque estamos mal. Debemos entender que Dios es superior a nuestra conciencia y que Él lo sabe todo. Si nos condena por nuestros pecados, debemos arrepentirnos inmediatamente. No podemos encubrir nuestro pecado.

1 Juan 3:19,20 dice: *"Y en esto conocemos que somos de la verdad, y aseguraremos nuestros corazones delante de él; pues si nuestro corazón nos reprende, mayor que nuestro corazón es Dios, y él sabe todas las cosas".*

¿Cuál es el antídoto bíblico?

El antídoto bíblico es arrepentirnos, confesar a Dios nuestro pecado y acudir a su sangre para que nos limpie. Más adelante abordaremos un poco más en relación con el arrepentimiento. Por lo pronto lo más importante es saber que el individuo está llamado a asumir responsabilidad en el asunto. El hombre posee la capacidad dada por Dios para hacerlo.

Mecanismos de defensa

El que ignora la voz de la conciencia utilizará mecanismos de defensa. Uno de ellos es justificarse usando la lógica. Argumentará que su juicio y razonamiento está de acuerdo con la voluntad de Dios. Discutirá con la conciencia a brazo partido, debatiendo razones que justifiquen sus acciones. Eso lo conducirá a un alineamiento con los diseños del infierno que tienen su fundamento en la mentira. El individuo pronto caerá en un autoengaño pensando que la conciencia aceptará sus argumentos. La voz del Espíritu dirigida a la conciencia del hombre siempre tendrá como fundamento la verdad del Reino. El hombre deberá aceptar libre y voluntariamente los caminos y pensamientos del Reino. Tendrá que refutar voluntariamente los razonamientos que adquirió en el mundo. El reino de Dios no se razona, se obedece.

Cuando el individuo entra en negación no concibe de ninguna manera que el Espíritu le esté hablando. No quiere entrar en razón y entender que el Espíritu solo le conversará la voluntad de Dios. Hemos experimentado serios enojos por personas que buscan ayuda, pero en el fondo de su corazón tiene su cuadro mental hecho. Son confrontados por la Palabra, pero no quieren oír, y mucho menos obedecerla. Tienen comezón de oír lo que ellos a su juicio creen que es lo correcto. Se van enojados y buscan en otro ministro una consejería; al fin y al cabo han pasado por las manos de varios consejeros y continúan envueltos en su conflicto y en sus vanos razonamientos. A Dios no le interesan las explicaciones. La Palabra es clara, y en todo momento las instrucciones son obedecer.

En Deuteronomio 4:1 Moisés exhorta al pueblo a la obediencia, y les dice: *"Ahora, pues, oh Israel, oye los estatutos y decretos que yo os enseño, para que los ejecutéis, y viváis, y entréis y poseáis la tierra que Jehová el Dios de vuestros padres os da".*

En este pasaje la palabra "oye" es "shamá" en hebreo, y significa "oír inteligentemente". Implica oír con atención y obediencia. No se trata de lo que nos parece "razonable", sino de hacer la voluntad de Dios revelada por el Espíritu a la conciencia y a través de su Palabra.

Otro mecanismo de defensa es hacer "obras" para enmudecer la conciencia. Las obras no son aceptas por Dios para que nadie se gloríe. El individuo levanta este mecanismo de defensa en el subconsciente porque no está preparado para obedecer ni seguir las indicaciones dictadas por el Espíritu. El individuo, al ser censurado por la conciencia que lo está redarguyendo, busca un mecanismo de escape y recurre a las "buenas obras". Con esto pretende encubrir su condenación, e intenta reemplazar la voluntad de Dios con "buenas obras". No se somete a Dios y se auto engaña. No entiende que sus obras no son capaces de salvarlo, puesto que es Dios quien otorga la salvación. Por pura gracia Dios nos salvó ¡Aleluya! El hombre pretende cuantificar la justicia de Dios con sus "buenas obras". Pretende acallar la voz de la conciencia con la labor realizada, y luego dice que es para la gloria de Dios.

Fidelidad a la voz de la conciencia

Queda establecido que la liberación comienza con el acto de fidelidad a la voz de la conciencia, es un acto personal y racional, nadie puede asumir la responsabilidad por el individuo. Las emociones no pueden estar involucradas en este acto. Dios concedió al hombre la capacidad de escuchar y obedecer a su conciencia. Todos cargamos ese depósito de Dios, es una semilla que carga con ella el ejercicio de la voluntad. Es el microchip del Reino que carga la ley de Dios, sus estatutos y mandamientos. No importa donde se meta el hombre, no importa cuanto haya pecado, mucho o poco, nunca podrá escapar de la voz de Dios.

En la jornada por la vida la conciencia fue contaminada de tal manera que opacó la gloria de Dios. Una vez cubiertos por falsas creencias y las mentiras de Satanás, el individuo comienza a ver las cosas desde el filtro del mundo, de sus paradigmas, experiencias de dolor, modelos, estructuras erradas y costumbres pecaminosas, cubriendo así los sentidos espirituales, conciencia, voluntad y gloria de Dios.

Finalizo este capítulo recalcando que Dios concedió al hombre la capacidad para ejercer la voluntad y responder a la voz de la conciencia en un acto racional. Desde Génesis, Dios le concedió al hombre toda autoridad para sojuzgar, señorear sobre ella y ejercer dominio. Dios le concedió al hombre las herramientas necesarias para vencer el pecado. Hay esperanza para todo aquel que quiera servir a Dios con toda su alma y con toda su mente.

Hemos discutido principios básicos establecidos en la Palabra, los cuales es indispensable conocer en el proceso de liberación. Creo que estamos listos para entrar en el Tabernáculo y observar paso a paso los principios bíblicos establecidos allí para llevar a cabo la encomienda de liberar al cautivo.

CRISTO ES EL PRIMER PASO. Como plataforma de este capítulo establecemos que Cristo es la fuente de toda liberación física, emocional y espiritual de todo ser humano. La puerta del atrio marcaba el camino para acercarse al interior del Tabernáculo, de la misma manera que Cristo marca el camino para entrar al Reino. El hombre podría entrar, pero únicamente a la manera de Dios. Solo existía una puerta para entrar al atrio. La puerta es Cristo. Toda persona que aspire a obtener liberación tendrá que reconocer a Cristo como su único y exclusivo Salvador. Tendrá que reconocer que es por medio de Cristo que se obtiene liberación y paz del alma.

En varias ocasiones hemos acudido al llamado de personas atormentadas por los demonios, en aflicciones y en gran depresión. Confiesan a Jesucristo de boca, pero lejos está su corazón de reconocer su pecado y de querer pactar con Dios, y mucho menos cambiar sus estilos de vida. Los demonios se aferran como perros salvajes a su presa y no la quieren soltar. Muchas son las veces que los demonios nos han dicho "es mío". Realmente tienen un derecho legítimo concedido por la misma persona, no hay liberación para ellos, dado que Cristo es el primer paso en el proceso. No importa cuán grande sea la atadura, si claman a Cristo Él responderá.

Existen personas que lo que están buscando es un alivio a los síntomas de opresión demoniaca, no entienden que el reino de los cielos no opera de la manera que ellos quieren o esperan. Insistimos que el Reino tiene leyes y estatutos establecidos por Dios y éstos no son negociables.

Igualdad de condiciones

Los israelitas, al igual que otras tribus o extranjeros en Israel, de todo rincón de la tierra, fuera de cerca o de lugares remotos, todos tenían que venir de la misma manera. La única manera de entrar es por medio de Cristo. Cristo es la puerta.

Parafraseado Efesios 2:11-18, nos dice: *debemos recordar que antes no teníamos a Cristo ni éramos parte del pueblo de Israel. No formábamos parte del pacto ni de la promesa que Dios hizo con su pueblo. Vivíamos en este mundo sin Dios y sin esperanza. Pero ahora, nosotros los que estábamos lejos de Dios, ya hemos sido acercados a él, pues estamos unidos a Jesucristo por medio de su muerte en la cruz. Cristo nos ha dado la paz. Por medio de su sacrificio en la cruz. Por medio de su muerte en la cruz, Jesucristo puso fin a la enemistad que había entre Dios y el hombre. Cristo vino y anunció a todos las buenas noticias de paz. Por medio de lo que Jesucristo hizo, judíos y no judíos tenemos un mismo Espíritu y podemos acercarnos a Dios el Padre.*

Entrar por la puerta significa atravesar el umbral que conducirá al creyente a su primera dimensión espiritual. La puerta del Tabernáculo era la línea de entrada a la presencia de Dios. Dios está revelando en la puerta el secreto de cómo podemos obtener la salvación. Dicho de otra manera, se nos está revelando el secreto de cómo podemos ser libres de las cadenas que nos atan a los sistemas del mundo. Apenas este es el preámbulo de la experiencia. Claramente la puerta nos muestra que el primer paso hacia la liberación emocional y espiritual es Cristo. En el individuo tiene que darse esa luz de esperanza y confianza en Cristo. Lo más importante es que reconozcan a Jesucristo en el proceso.

Sin arrepentimiento no hay liberación emocional y espiritual

Una de las cosas que demanda la justicia de Dios es el arrepentimiento. La puerta, la cual es Cristo, nos lleva inmediatamente a la doctrina del arrepentimiento de las obras muertas.

Hebreos 6:1 refiere: *"Por tanto, dejando ya los rudimentos de la doctrina de Cristo, vamos adelante a la perfección; no echando otra vez el fundamento del arrepentimiento de obras muertas..."*

Lo que se está diciendo aquí es que nos elevemos a lo perfecto, que avancemos hacia la madurez, sin echar abajo el fundamento del arrepentimiento. Lo que se nos está señalando es que el hombre no puede echar abajo un fundamento establecido por Dios, sobre el cual son edificados los que han entrado por la puerta.

A mi entender la iglesia hoy en día ha perdido en algún grado el fundamento de la doctrina del arrepentimiento de Jesucristo. La doctrina del arrepentimiento y la confesión de pecados son fundamentales en el proceso de liberación. La estructura del Reino demanda arrepentimiento para poder ser libre. El nombre de Jesús nos llama a arrepentimiento. La ausencia del arrepentimiento causará que el proceso de liberación no funcione. Cuando el Señor confronta nuestras conciencias, el corazón tiene que venir a arrepentimiento. En el Tabernáculo los israelitas solo podían acercarse a Dios con arrepentimiento y sacrificio. La persona que quiera ser liberada tiene que tener claro lo que significa arrepentimiento y sus implicaciones. Una vez que la persona es instruida en que no puede haber liberación verdadera sin arrepentimiento genuino, indiscutible y probado, entonces podemos comenzar el proceso de liberación. El individuo se estará alineando a los diseños del Reino y será "pan comido" ministrarle liberación. Saldrá fácilmente de cualquier cautiverio y los demonios no tendrán otra opción que soltar a su presa. Esto lo hemos vivido en innumerables ocasiones; inclusive hemos tenido la experiencia de escuchar a los demonios decir "está bien, me voy", sin tener que pronunciarle las palabras "te echamos fuera".

Testimonio

Esta es una joven mujer de apenas unos veinticinco años aproximadamente. Desesperada por los tormentos y aflicciones demoniacas acude a nuestra ayuda. Establecemos la cita, y de su historial personal se desprende que convivía con un joven que la abandonó. Es entonces que cae en una fuerte depresión. Al momento de la entrevista se encuentra bajo tratamiento médico para dicha depresión. Refiere e insiste en que Dios le devuelva a su compañero. Fue orientada en cuanto al pecado de fornicación, sus efectos y consecuencias conforme a la Palabra de Dios. En cada consejería lloraba mucho, fue orientada y ministrada en principios del perdón, entre otros.

El progreso con esta mujer era lento, y como ministros de Dios se siente la frustración al no ver mejoría emocional y espiritual. Cada ministración se tornaba en una gran lucha por arrebatársela a Satanás de sus garras, hasta que un día el Espíritu Santo nos da una palabra de ciencia. Escuchamos al Espíritu cuando nos dice que había pecado oculto y que por eso la lucha con los espíritus de las tinieblas era agotadora. Cuando es confrontada, ella confiesa que tiene una adicción por los juegos sexuales, y que tenía una gran inversión en dichos juguetes. No quería destruirlos, y en el fondo estaba esperando el regreso de su pareja. Le permitimos unos minutos para que reflexionara en su pecado.

Dado un tiempo razonable, regresamos para saber cuál era su decisión. Sorpresivamente contestó que a ella le gustaba lo que hacía y que no podía renunciar a la fornicación y mucho menos a los juegos sexuales. Inmediatamente le dijimos que lo sentíamos mucho pero que no podíamos continuar ministrándole, dado que ella no estaba arrepentida y no estaba dispuesta a abandonar el pecado. Los demonios tenían absoluto derecho legítimo, y puesto que en ella no había arrepentimiento, tampoco había liberación. Resulta duro asumir esta postura, pero en el gobierno del reino de Dios el arrepentimiento es un requisito indispensable para la liberación del cautivo.

Esta es la historia lamentable de muchos creyentes que piensan que pueden engañar a Dios o torcerle el brazo para que Él acepte su pecado. Demás está decirles que la condición emocional, espiritual y física de esta mujer fue en deterioro. Regresó con su pareja, prefirió los placeres temporales de este mundo a vivir una vida de santidad y ordenar su casa.

El individuo entra por la puerta del atrio del Tabernáculo, y por ella se debe entrar con arrepentimiento.

¿Qué es arrepentimiento?

Estudiemos su significado por cuanto es un principio sumamente importante en la liberación del cautivo. Arrepentimiento significa sentir tristeza, sentir el corazón contrito, humillado por algo que se ha hecho en oposición a las leyes del Reino.

El arrepentimiento no puede venir sin la convicción de pecado. Es el Espíritu Santo quien tiene la encomienda de persuadir al individuo de todo pecado. Es la obra encubierta del Espíritu Santo antes y después de nuestra conversión. Confesamos a Dios que hemos pecado, y nos arrepentimos y entonces se manifiesta la metamorfosis de Dios. El individuo es fortalecido para que pueda rechazar las tentaciones del enemigo. Cuando el individuo está verdaderamente arrepentido se observa el fluir de los frutos del Espíritu Santo. Se observan cambios en la mente y la conducta.

El arrepentimiento siempre irá conectado a un cambio de corazón o de disposición, de mente, de propósito, pondera en un cambio de conducta. Significa, cambiar de opinión. Involucra siempre un cambio a mejor y rectificación. Es gemir con profunda convicción y dolor por el pecado. Es tener convencimiento genuino de lo dañino y desastroso que es el pecado. El individuo deberá reconocer y entender que está mal delante de un Dios santo.

Sin arrepentimiento, no se manifestará un cambio de mentalidad y mucho menos un cambio de propósito en la vida. Sin arrepentimiento la persona no ha sido conmovida por la Palabra de Dios y su entendimiento sigue estando entenebrecido.

Cuando se experimenta el verdadero arrepentimiento, se renueva el entendimiento, la mentalidad del individuo cambia, también su corazón y la manera de vivir respecto al pecado. Es entonces que podemos entrar en un proceso que nos llevará a buscar la santidad de conducta y la integridad de corazón, para ser santos como Dios es Santo. Y ésta será nuestra verdadera liberación emocional y espiritual del pecado, para siempre.

Arrepentimiento es *"metanoéo"* en griego, y da la idea de un cambio de mente, envuelve un cambio de actitud. Es dar media vuelta. Es pensar diferente. Arrepentimiento es sentirse mal y pedirle perdón al ofendido. Un corazón arrepentido va a responder rápidamente al dolor espiritual por el pecado cuando se enfrenta a la Palabra de Dios. Se sensibilizará ante las exigencias del Reino. No hará resistencia y no será rebelde a la voz de Dios.

Desde el Antiguo Testamento se observa una constante en el llamado de Dios a su pueblo. La constante siempre fue arrepentimiento si querían el favor de Dios. Ejemplo poderoso de este principio del Reino lo vemos en el libro de Nehemías, Capítulo I. Nehemías ora por la gente de Jerusalén. Fue un quebrantamiento genuino, con ayuno, oración y búsqueda de Dios. Los muros estaban en ruinas y ellos reconocen su pecado y el de sus ancestros. Se registran palabras de restauración si se arrepienten y obedecen. Es promesa de Dios, ella va acompañada con su pacto.

En el Nuevo Testamento vemos a Juan el Bautista predicando al pueblo de Israel para recibir el reino de Dios. ¿Qué predicaba? El tema obligado en todas sus predicas era arrepentimiento. Juan el Bautista prepara el camino para la llegada de Jesús, invariablemente predicó acerca del Reino y su tema principal lo fue el arrepentimiento. Llega Jesús y vemos que sigue el mismo patrón. Inicia su ministerio y se registra la misma constante; enseñando y predicando arrepentimiento para todo aquel que quisiera ser partícipe de las bendiciones del reino de Dios. El nombre de Jesús siempre, invariablemente siempre, llamará a todo pecador al arrepentimiento.

Sin arrepentimiento seguimos siendo pecadores

Sin arrepentimiento seguimos siendo pecadores y somos igual que un impío. Y Satanás tiene parte y suerte en nuestras vidas. 2 Pedro 3:9 reseña: *"El Señor no tarda su promesa, según algunos la tienen por tardanza, sino que es paciente para con nosotros, no queriendo que ninguno perezca, sino que todos procedan al arrepentimiento"*. La persona arrepentida debe experimentar un cambio de opinión. Arrepentida del pecado o del mal. Deberá ser un cambio radical para apartarse del pecado y de Satanás. Es necesario aborrecer el mal, y dejar de estar de acuerdo con él. Tendrá que llorar el pecado desde lo más profundo de su ser y cuanto más aborrezca el pecado, los demonios se desatan y salen.

El individuo saldrá de toda prisión en donde haya sido llevado cautivo. Es entonces que será verdaderamente libre. La falta de arrepentimiento abre la puerta a Satanás. Lo que no tiene el perdón de Jesucristo, Satanás tiene el derecho legítimo sobre él.

El alma que pretenda escapar de su responsabilidad respecto al pecado no podrá ser restaurada. La restauración comienza con un arrepentimiento genuino por la corrupción del pecado. Los procesos de crecimiento espiritual y emocional se detienen cuando el individuo en realidad nunca ha practicado el arrepentimiento.

El alma rebelde y llena de pecado resiste arrepentirse, no concibe que sin arrepentimiento no experimentará la justicia del Reino. Hacer justicia es el plan de Dios para todo aquel que se arrepiente. El que elije someterse y arrepentirse será restaurado, de eso no tengamos la menor duda.

Salmo 51:17: *"Al corazón contrito y humillado no despreciarás tú, oh Dios".*

¿De qué tengo que arrepentirme?

Cuando nos convertimos, normalmente se nos enseña que tenemos que arrepentirnos de todos nuestros pecados. Al estudiar el tema del arrepentimiento descubrimos algo sumamente interesante. El arrepentimiento del pecado es más profundo de lo que pensamos y hemos aprendido en nuestras iglesias.

Cuando comenzamos a dar los talleres utilizando los principios bíblicos que se ensenan en este libro, cristianos con largos años en el evangelio refirieron estar sorprendidos, porque nunca habían visto la magnitud del conflicto. Pretendo plasmar en este capítulo los hallazgos relacionados al tema.

¿De qué tengo que arrepentirme?

Éxodo 34:7 *nos da la respuesta: "que guarda misericordia a millares, que perdona la iniquidad, la rebelión y el pecado, y que de ningún modo tendrá por inocente al malvado; que visita, la iniquidad de los padres sobre los hijos y sobre los hijos de los hijos, hasta la tercera y cuarta generación".*

Esta traducción israelita lo dice de la siguiente manera: *"mostrando gracia hasta la milésima generación, perdonando iniquidad, transgresiones y pecados; aun absolviendo al que no es inocente, pero causando los efectos negativos de las ofensas de los padres que sean experimentados por sus hijos y nietos, y aun por la tercera y cuarta generaciones"* *(TKIM-DE).*

Iniquidad, rebelión y pecado

En éste, al igual que en otros pasajes bíblicos, aparecen estas tres palabras, por tanto debemos entender que Dios persigue resaltar tres matices distintos. Pretendo traerles un estudio de los tres términos, y en ellos veremos varias diferencias. Ciertamente el pasaje nos trae tres aspectos de los cuales necesitamos arrepentirnos los cuales son; iniquidad, rebelión y pecado. Ellos son causa de ruina.

Ezequiel 18:30 dice: *"... Convertíos, y apartaos de todas vuestras transgresiones, y no os será la iniquidad causa de ruina".*

Isaías 59:12: *"Porque nuestras rebeliones se han multiplicado delante de ti, y nuestros pecados han atestiguado contra nosotros; porque con nosotros están nuestras iniquidades, y conocemos nuestros pecados".*

Jeremías 14:7: *"Aunque nuestras iniquidades testifican contra nosotros, oh Jehová, actúa por amor de tu nombre; porque nuestras rebeliones se han multiplicado, contra ti hemos pecado".*

Dios hace distinción entre iniquidad, pecado y rebelión. En su naturaleza iniquidad y pecado son sinónimos pero existen unas diferencias entre ellas. La palabra iniquidad aparece en el Antiguo Testamento en paralelismo con otros vocablos que expresan pecado. En general los que hacen iniquidad, pecado y rebelión, son personas que viven como les da la gana. El pecado es su estilo de vida y hacen injusticias de continuo.

Tenemos que explorar estas tres palabras porque sin duda alguna toda la base legal que el diablo puede llegar a tener está en la iniquidad, el pecado y la rebelión consentida por el ser humano.

¿Qué es la iniquidad?

Etimológicamente esta palabra quiere decir "lo torcido, doblado, doblegado, pervertido o perverso", es desviarse del camino, es lo que se tuerce del camino recto y perfecto de Dios. En hebreo iniquidad significa "*awon*" El término indica una ofensa, intencional o no, en contra de la Ley de Dios.

Es como un cordón umbilical espiritual sin cortar que se filtra de generación en generación y se va torciendo de padres a hijos. La iniquidad trae consigo infortunio, desastre, desgracia al ser humano que carga con iniquidad. Es la fuente de toda maldad.

La iniquidad merece castigo porque es una ofensa a la santidad de Dios. La Biblia advierte que Dios castiga nuestras transgresiones. Una transgresión es cuando se viola la ley. Vemos en el pasaje que leímos en Éxodo 34:7 un sentido colectivo en el que uno es responsable por los muchos. Adán pecó, y cayó toda la raza humana. Jesús el segundo Adán no pecó y la raza humana ahora tiene el beneficio de ser redimida en Él.

El sentido de la palabra iniquidad, "*awon*", abarca varias dimensiones de pecado. Estas son juicio y también castigo. El Antiguo Testamento enseña que el perdón divino de nuestra "iniquidad" incluye el propio pecado, la culpa del pecado, el juicio de Dios sobre este pecado y el castigo divino por el pecado.

Si vemos este vocablo "iniquidad", estamos hablando de un estilo de vida en personas que no tienen a Dios. Son personas que hablan y viven maldades, practican la impiedad (sinónimo de infidelidad, de irreverencia e indiferencia a la ley de Dios). Son personas que practican perversiones de todo tipo. Mienten, su comportamiento es engañoso. Causan desgracias y desastres donde quiera que vayan. Sus manos son derramadoras de sangre. Hablan, engendran, piensan, conciben, recogen, cosechan y aran "iniquidad".

El aspecto calificativo de "iniquidad" llega a ser la

máxima expresión de lo que es andar sin ley. El diccionario de la Real Lengua Española dice que iniquidad es "gran maldad en el modo de obrar".

Resumiendo, "*awon*", o sea "la iniquidad", presenta el pecado como perversión de la vida (torcerla fuera del camino correcto), es una perversión de la verdad (torcer hacia el error), o una perversión de la voluntad (doblar la rectitud a una desobediencia deliberada).

Salmo 32:2 refiere: "*Bienaventurado el hombre a quien Jehová no culpa de Iniquidad, Y en cuyo espíritu no hay engaño*".

El origen de la iniquidad se encuentra en la caída de Luzbel. La iniquidad surge de la maldad en que este arcángel, llamado Luzbel, lleno de belleza y perfección le da cabida a un pensamiento que se desalinea de Dios. Y empieza a creer en algo diferente y opuesto a la justicia divina.

Ezequiel 28:15 y 18 relatan: "*perfecto eras en todos tus caminos desde el día en que fuiste creado, hasta que halló en ti maldad*", y luego dice: "*Con la multitud de tus maldades y con la iniquidad de tus contrataciones profanaste tu santuario*".

De las palabras maldad o iniquidad podemos entender la raíz de la gran mayoría de los problemas que acontecen al ser humano. La maldad o iniquidad es la semilla diabólica de donde todo el mal se origina. Esta es transmitida al hombre por medio del cordón umbilical espiritual desde su nacimiento. Puesto que no se ha cortado va a impregnar el corazón de pensamientos e intenciones que se oponen a la justicia, a la verdad, al amor y a todo lo que Dios es.

La iniquidad se adhiere a la corriente sanguínea (ADN) del ser humano en el instante en que es concebido el embrión. Es en este momento que toda la información, o herencia espiritual de maldad en la persona se va a establecer. Ésta afecta el comportamiento del hombre, la estructura de sus pensamientos y aun el estado de salud del cuerpo físico.

Salmo 51:1-6 nos revela este principio:

"Ten piedad de mí, oh Dios,
conforme a tu misericordia;
Conforme a la multitud de tus piedades
borra mis rebeliones.
Lávame más y más de mi maldad,
Y límpiame de mi pecado.
Porque yo reconozco mis rebeliones,
Y mi pecado está siempre delante de mí.
Contra ti, contra ti solo he pecado,
Y he hecho lo malo delante de tus ojos;
Para que seas reconocido justo en tu palabra,
Y tenido por puro en tu juicio.
He aquí, en maldad he sido formado,
Y en pecado me concibió mi madre."

TKIM-DE (traducción israelita) dice de la siguiente manera: *"Lávame completamente de mi iniquidad, y límpiame de mi pecado".*

Cuando la iniquidad alcanza al hombre afecta y contamina el espíritu, invade el alma y el cuerpo. Es como el fango que lo ensucia todo. La iniquidad es como un cordón espiritual, a donde se van cincelando todos los pecados del hombre y lo que será su herencia a la siguiente generación. Jeremías 17:1 lo describe diciendo que el pecado está escrito con cincel de hierro y punta de diamante en el corazón. La iniquidad es la estructura diseñada por el mundo espiritual de las tinieblas para introducir las maldiciones que vienen de nuestros antepasados y todo tipo de mal posibles.

Es en este diseño donde se arraigan las bases legales de enfermedad que se transfieren de padres a hijos, a nietos.

Es donde se encuentra la legibilidad de Satanás para robarnos y oprimirnos. La iniquidad será un constante obstáculo para recibir la plenitud de las bendiciones de Dios a no ser que sea desarraigada de la vida del creyente.

Nuestro cuerpo natural almacena la herencia genética en los cromosomas de la célula y estos forman un cordón llamado ADN, en donde se encuentra, toda la información de nuestra herencia física. Es como el microchip de una computadora, donde se haya toda la información de cómo estamos configurados. Es el ADN, el que va a determinar si nacemos con los ojos del bisabuelo y con la boca de mamá, con el color de pelo del bisabuelo y con la estatura de papá. Toda esta información es transmitida físicamente de generación en generación y así al multiplicarse las células dentro del vientre de la madre, se va formando un cuerpo bajo el diseño de dicha información.

En la antigüedad la sangre era vista ligada a las cualidades poseídas por un individuo. La creencia era que a través de la sangre de la madre el hijo recibía las virtudes y defectos de los padres. De esta manera la sangre, en un sentido literal, llevaba las características esenciales de las familias. Satanás está interesado en la genética que carga todo ser humano, porque en ella está contenida la imagen y semejanza divina.

La Dra. Ana Méndez compara el proceso con el ADN físico y señala que en el cuerpo espiritual, también se encuentra el mismo modelo: ADN espiritual, un elemento intangible en el cual se va grabando toda la información espiritual de generación en generación y este elemento se llama iniquidad. La herencia de pecado ha sido transmitida y ahora va a corromper el alma para que empiece a desear hacer el mal. Va a querer torcer el camino hacia Dios para que no demos en el blanco. El blanco es santidad del reino de los cielos. Será una fuerza irresistible y en muchos casos arrastrará a personas aparentemente buenas a cometer pecados abominables. Dado que esta programación de iniquidad se encuentra en la sangre, debemos entonces limpiarla. Clamar por la limpieza de la sangre y renunciar a la sangre pactada con el enemigo y pedir que la sangre de Cristo sea la que corra por nuestras venas. Muchos de nuestros ancestros pactaron con sangre pidiendo sanidad a ídolos ajenos y estos pactos siguen activos de generación en generación. Tenemos gente dentro del pueblo de Dios con enfermedades crónicas por causa de pactos encéntrales que no se han roto.

La sangre de Cristo Jesús nos limpia de todo pecado, por lo tanto, cambiemos nuestra sangre y renunciemos a la sangre contaminada, pactada con el pecado y llena de iniquidades, rebeliones y pecados. Recibamos la sangre de Cristo para que corra por nuestras venas. Nuestra sangre es cambiada por cuanto la vida está en la sangre, Jesús limpió nuestra sangre.

Joel 3:20 describe: *"... limpiará la sangre de los que no había limpiado por la sangre de la cruz del calvario".*

La raíz de todo mal se encuentra en la iniquidad. El fruto y lo que se pare es pecado y rebelión. Cristo vino a vencer el pecado y a deshacer todas las obras del diablo.

Cuando Moisés esta clamando a Dios por ver su gloria, el Señor se manifiesta a él y le dice en Éxodo 34:6b y 7a: *"¡Jehová, Jehová! Fuerte. Misericordioso y piadoso, tardo para la ira y grande en misericordia y verdad, que guarda misericordia a millares, que perdona la iniquidad, la rebelión y el pecado, y que de ningún modo tendrá por inocente al malvado".*

Este pasaje nos revela que los juicios de Dios también se estarán manifestando constantemente por causa de la iniquidad. La iniquidad tiene la función de ser como un muro que impedirá al creyente operar en la rectitud de Dios. Constantemente vemos personas pasando por juicios, pruebas, tribulaciones y desiertos sin saber que el origen de sus desdichas se encuentra en la iniquidad. Si la persona ha abandonado el pecado, se ha sujetado a los diseños divinos, a sus valores y estatutos y no ve el fluir de la victoria en Cristo Jesús, pudiera ser que la raíz del conflicto esté en la iniquidad. Somos testigo de un sinnúmero de personas liberadas de este mal espiritual que se sorprenden del cambio tan positivo que arropa sus vidas luego de la liberación. En Éxodo 20: 5 se registra que Dios no visita el pecado, sino la iniquidad. Dios hace un registro, una inspección de la iniquidad. Repito y concluyo que el pecado es el fruto de la iniquidad. El pecado es lo evidente ante nuestros ojos, de algo que está sutilmente arraigado en el ser humano llamado iniquidad. No le parece a usted que lo lógico es que vallamos a la raíz del conflicto y lo arranquemos. ¿Estará usted dispuesto a romper con esta mala yerba y pararse en la brecha por usted y sus próximas generaciones?

¿Qué es rebelión?

Rebelión es *"pesha"* en hebreo; este nombre indica descarriarse voluntariamente del camino de una vida santa y por tanto es rebelión. Esta palabra connota casi siempre una actitud de rebeldía contra Dios. El individuo se coloca en una posición "en contra de". El significado hebraico señala que es un acto de desafiar la orden divina. Es ser obstinado, terco y testarudo. La persona no quiere escuchar la voz, ni recibir corrección. El diccionario de la Real Lengua Española define rebelión como "levantamiento contra una autoridad o gobierno, en especial cuando se realiza con el fin de derrocarlo y sustituirlo por otro". ¿No suena esto conocido a sus oídos? ¿Acaso no fue esto lo que hizo Lucifer?

¿Qué es pecado?

Pecado es *jattat* en hebreo; es errar en el camino o no dar en el blanco. Es un acto que se aparta de lo que es recto y justo. Dios ha fijado unas leyes, con unos mandamientos, y algo en el camino esta torcido e impide que la persona de en el blanco, y por tanto lo que se pare es pecado. El libro de Santiago habla de cuando somos tentados a hacer lo malo, y nos dice que no le echemos la culpa a Dios. Él no puede ser tentado, ni tienta a nadie a hacer lo malo. Que al contrario, cuando somos tentados, son nuestros propios deseos los que nos arrastran y dominan. Dando a luz el pecado.

Santiago 1:15 lo expresa de la siguiente manera: *"Entonces la concupiscencia, despúes que ha concebido, da a luz el pecado; y el pecado, siendo consumado, da a luz la muerte."*

En otras palabras, el individuo concibe, imagina, piensa, inventa, idea en su corazón y da a luz el pecado. De estos malos deseos [iniquidad] nace el pecado; y del pecado, cuando llega a su completo desarrollo, nace la muerte.

Como consecuencias tenemos a un ser humano que fracasa moralmente en su intento de seguir a Dios y estar bien con los seres humanos. En otras palabras no da en el blanco. El blanco que debe perseguir todo ser humano es seguir a Cristo, Cristo es el blanco, su santidad, moral, valores, estatutos, mandamientos, y su justicia.

Clave para resolver el conflicto

El antídoto es claro en la Palabra. Isaías 59:12-16 lo registra: *"No hubo quien confesara la iniquidad, el pecado y la rebelión".* *"No hubo quien se arrepintiera y pidiera perdón al Señor".*

Tenemos que practicar la confesión acompañada de arrepentimiento. Entrar por la puerta con arrepentimiento. Las iglesias han estado obviando la doctrina del arrepentimiento. Se instruye con relación al arrepentimiento del pecado, pero no se predica arrepentimiento de la iniquidad y mucho menos de la rebelión. Vayamos más allá en el análisis del tema, tampoco se practica la confesión de pecados. En el diseño del Tabernáculo se nos enseña lo siguiente:

> Levítico 16:21: *"y pondrá Aarón sus dos manos sobre la cabeza del macho cabrío vivo, y confesará sobre él todas las iniquidades de los hijos de Israel, todas sus rebeliones y todos sus pecados, poniéndolos así sobre la cabeza del macho cabrío, y lo enviará al desierto por mano de un hombre destinado para esto".*

El Salmo 32:1-5 nos habla de la satisfacción que se siente cuando se confiesa la iniquidad, el pecado y la rebelión: *"Bienaventurado aquel cuya transgresión ha sido perdonada, y cubierto su pecado. Bienaventurado el hombre a quien Jehová no culpa de iniquidad, Y en cuyo espíritu no hay engaño. Mientras callé, se envejecieron mis huesos en mi gemir todo el día. Porque de día y de noche se agravó sobre mí tu mano; Se volvió mi verdor en sequedades de verano. Mi pecado te declaré, y no encubrí mi iniquidad. Dije: Confesaré mis transgresiones a Jehová; Y tú perdonaste la maldad de mi pecado".*

Los israelitas confesaron sus pecados y la iniquidad de sus padres. ¿No le parece a usted que hoy día esté vigente el mismo principio espiritual?

> Levítico 26:39,40 nos revela: *"Y los que queden de vosotros decaerán en las tierras de vuestros enemigos por su iniquidad; y por la iniquidad de sus padres decaerán con ellos. Y confesarán su iniquidad, y la*

iniquidad de sus padres, por su prevaricación con que prevaricaron contra mí; y también porque anduvieron conmigo en oposición".

Nehemías 9:1,2 apunta lo siguiente: *"El día veinticuatro del mismo mes se reunieron los hijos de Israel en ayuno, y con cilicio y tierra sobre sí. Y ya se había apartado la descendencia de Israel de todos los extranjeros; y estando en pie, confesaron sus pecados, y las iniquidades de sus padres".*

Dios proveyó para nosotros una herencia redimida

La redención en Cristo Jesús tiene el potencial de suplantar nuestra herencia de maldición contenida en la iniquidad. Desgraciadamente como este es un tema casi jamás tocado por la Iglesia, los creyentes siguen sufriendo las consecuencias que se desenlazan de esta terrible parte de nuestro espíritu.

Alguien entregó un derecho en nuestra línea generacional y solo los sistemas divinos proveen las herramientas para recuperar lo perdido. Necesitamos conocer las escrituras y como opera la dimensión espiritual. En el reino de Dios la restauración opera por vía de la confesión y el arrepentimiento, gracias a la sangre de Jesucristo. No podemos avanzar al Lugar Santísimo con amarras ancestrales y mucho menos con ataduras del pasado por causas de traumas, de iniquidad, rebelión y pecado.

Es importantísimo hacer un análisis detallado de nuestras obras y la de nuestros ancestros para desarraigar toda raíz de iniquidad. En el mundo espiritual cada pecado proviene de una raíz de iniquidad y ha quedado grabado en ella. Es muy importante hacer una lista detallada ayudados por el Espíritu Santo, arrepentirnos y pedir perdón por cada una de nuestras acciones y de lo que nuestros antepasados pudieron haber hecho. Métase a investigador y observe las tendencias de su familia que se repiten vez tras vez al mal. Reconozca las raíces en su familia paterna y materna. Qué enfermedades y males se repiten. Recuerde que alguien en su línea familiar entregó un derecho. Sobre todo hacer el ejercicio completo, dando la orden profética, sacar a los cautivos de sus prisiones y echar fuera los demonios. Satanás tiene todo un sistema y plan malvado de acuerdo a los antepasados. Diseños demoniacos de apatía, de pobreza física y espiritual, y de enfermedad entre muchos otros. Alguien nos robó, o pudiera ser que nos este robando. Alguien entregó un derecho ilegalmente y solo los sistemas divinos conquistarán lo que hemos perdido. Necesitamos conocer en las Escrituras cómo opera la dimensión espiritual. El pecado humano siempre tiene un origen doble. Procede de una fuente humana, las propias decisiones equivocadas, y de otra sobrenatural. Clamemos a Dios con arrepentimiento genuino y el escuchará el clamor de su pueblo, vendrá y sanará la tierra.

Hasta aquí vimos la cortina, nos decidimos a entrar por la puerta, la desciframos. Estudiamos la doctrina del arrepentimiento de la iniquidad, pecado y rebelión. Ahora veremos qué es lo que nos espera al traspasar el umbral de la puerta.

Atravesando el umbral

ATRAVESANDO EL UMBRAL DE LA PUERTA del Tabernáculo se encontraba la primera pieza, el altar del holocausto y de ella queremos hablarte en esta sección. Permítanos por lo pronto hacer una descripción del mismo.

El altar del holocausto era la pieza más grande de todo el Tabernáculo y era el lugar en donde Dios prometía su bendición:

> Éxodo 20:24 narra lo siguiente: *"Altar de tierra harás para mí, y sacrificarás sobre él tus holocaustos y tus ofrendas de paz, tus ovejas y tus vacas; en todo lugar donde yo hiciere que esté la memoria de mi nombre, vendré a ti y te bendeciré".*

Holocausto quiere decir "del todo quemado". La palabra altar en sí misma tiene básicamente dos significados. Uno es "levantado en alto" y el otro es "alto o ascendido". Para la comprensión hebrea también significa "lugar de muerte". En el griego conlleva el pensamiento de ser un lugar "para matar y quemar víctimas".

Este altar es tipo y sombra del sacrificio de Jesucristo en la Cruz del Calvario, en donde fue llevado como un cordero al matadero y trasquilado vivo por nuestros pecados. Debemos entender que en el atrio del Tabernáculo era donde se juzgaba el pecado. Había una limpieza sacrificial por la sangre del animal o sacrificio y estaban las ceremonias de lavado para quitar toda contaminación. Esa era la escena que toda persona que traspasaba el umbral de la puerta se iba a encontrar.

El altar era de bronce. El bronce es tipo y sombra del juicio por el pecado. Donde quiera que se hable de bronce en la Biblia nos lleva a la reflexión de juicio. En Deuteronomio 28:15-23 encontramos que una de las amonestaciones de Dios a su pueblo fue que si eran desobedientes, los cielos se volverían como de bronce sobre sus cabezas. En otras palabras, su comunicación con Dios se fragmentaría. La desobediencia y el quebrantamiento de la ley tendrían como consecuencia que los cielos se cerrarían.

Para el obediente, el trono de Dios es un trono de misericordia, pero la desobediencia lo transforma en un sitio de juicio (Levítico 26:19). El altar nos está señalando exactamente el mismo principio, era el lugar de misericordia para el obediente y de juicio para el desobediente.

¿Decídete a enfrentar el altar de bronce?

De ninguna manera el ser humano podrá evadir los principios básicos de la ley de Dios. Nadie podrá escapar de la ofrenda quemada en el altar de bronce, y del lavacro. El que intente esquivar éstos, enfrentará un serio problema, porque tendrá que afrontar todos estos elementos que son tipo y sombra de cómo se entra al reino de Dios. La naturaleza carnal del hombre se inclina de continuo a evitar y querer escapar de todo compromiso que le ate a Dios. El egoísmo le inclina a querer satisfacer su deseo, evadiendo su responsabilidad. Nadie podrá evadir la santidad y la justicia divina.

Cuando el individuo se inclina a evadir los diseños del Reino será presa fácil de los diseños del mundo de las tinieblas.

Su mente engañada comenzará a recibir mensajes que no vienen del espíritu de Dios, sino de los deseos del alma, de su naturaleza carnal, y peor aún de los espíritus demoniacos. Los espíritus demoniacos estarán en la mejor disposición de satisfacer los deseos de la naturaleza carnal y los del alma del individuo, siempre con el propósito de alejarlo de Dios. Este tipo de personas son las que contristan el Santo Espíritu de Dios, puesto que no quieren escucharlo.

Todo el que quisiera encontrarse con Dios en el Lugar Santísimo tendrá que enfrentar el altar de bronce. La posibilidad de ignorar esta pieza, o de no verla, era sencillamente imposible, porque ésta, era la pieza más grande del mobiliario. No había manera de escaparse de esta pieza. Nadie podía aspirar a tener unión con Dios a menos que viniera por medio del altar de bronce el cual tipifica la cruz.

El altar de bronce destacaba el mensaje de juicio contra el pecado y la muerte. El hombre, el cual nació en pecado y fue moldeado en iniquidad, debe comenzar el proceso de liberación emocional y espiritual en el altar de bronce. No estamos hablando de salvación, ya entró por la puerta de la salvación que es Cristo. Al entrar por la puerta recibe el perdón de Dios. Recordemos que el proceso se debe dar en todo momento con una actitud de arrepentimiento. Es en este próximo paso o lugar en donde tendrá que tratar con la iniquidad, pecado y rebelión en una actitud de total arrepentimiento. Decidirse a morir al pecado en todas sus ramificaciones de una buena vez y por todas.

Desde allí comienza el camino hacia Dios hasta llegar al Lugar Santísimo. Tratar con el significado espiritual que esconde el altar es lo principal y vital en el proceso. El altar representa y es el lugar de la gracia concedida por Dios al hombre. Sin este altar el hombre nunca hubiera podido continuar hasta el Lugar Santo. Pero Dios en su infinito amor proveyó tal altar en la cruz de nuestro Señor Jesucristo. El altar o cruz es la matriz del proceso de salvación en la experiencia que tiene que tener el hombre en su estado caído y pecaminoso. Es aquí donde el hombre emprende su acercamiento a Dios. Es aquí donde se librará la gran batalla de la santificación. Es aquí en donde el hombre tiene que decirse a hacer la transferencia y entregar a Cristo todo lo que Él ya hizo por la humanidad.

El altar era la única manera en que sus pecados podían ser perdonados y quitados. Insisto en este dato, era la única manera de recibir redención. En Hebreos 10:1-18, se presenta a Jesucristo como sacrificio supremo. El altar de bronce por ser el primer mueble que encontramos marca y representa el comienzo de una nueva vida. Es el mueble que inicia nuestra jornada hasta la misma persona de Dios. Sin derramamiento de sangre es imposible que el pecado sea removido.

Hebreos 9:22 describe: *"Y casi todo es purificado, según la ley, con sangre; y sin derramamiento de sangre no se hace remisión"*.

El ritual que se llevaba a cabo por la ofrenda del pecado se hacía de la siguiente manera: el israelita llevaba su ofrenda por el pecado, tomaba el animal, ponía su mano sobre la cabeza del mismo, se identificaba con él y en forma simbólica le transfería sus pecados, luego él mismo tenía que matarlo.

Tratando con la liberación del creyente nos hemos encontrado con una gran problemática, y es que muchos no han hecho la transferencia. Gente linda de Dios han aceptado a Jesús como su Salvador. Jesús les perdonó su pecado, pero no han hecho la transferencia. A pesar de su conversión, cargan sobre sus hombros el peso de la iniquidad, del pecado y la rebelión por falta de conocimiento. No se han perdonado por su maldad e insisten en culparse por cosas que ya Cristo lavó con su preciosa sangre.

Todos somos culpables por la muerte de Cristo, no existe ni siquiera uno justo, pero al aceptarle, arrepentirnos y al identificarnos con Él, quedamos libres de toda culpa y de toda condenación. Al hacer esto, todo Israelita, que estaba destinado al infierno, podría recibir la remisión de sus pecados y escapaba de su condenación por fe.

Estar frente al altar de bronce sin duda alguna tocaba la conciencia de los israelitas obteniendo la revelación y el reconocimiento de que habían quedado encerrados en juicio y eran incapaces de evitar su condenación. Era una forma visual de un principio espiritual. Y así como el animal del sacrificio era colocado para muerte, se daban cuenta que ellos también tenían que morir debido a sus pecados. Ver la escena en la esfera natural los llevaba a entender las consecuencias a nivel espiritual. El altar medía siete y medio pies de largo por cuatro y medio pies de alto aproximadamente según la interpretación de la medida utilizada en aquellos tiempos. Por favor, use su imaginación, cierre sus ojos y visualícelo en su mente. El mensaje era obvio, creo que nadie podía pasar por alto este mueble.

El holocausto habla de una relación o unión con Cristo. Es holocausto de olor grato para Jehová, este es un rendimiento que desea el Señor, es decir que seamos totalmente consumados como el holocausto. Jesús derramó su sangre de vida. Él fue herido y golpeado, y fue verdaderamente partido en pedazos. Las manos sobre la cabeza del carnero señalan a una unión completa con la ofrenda.

Todo creyente debe aspirar a tener un contacto íntimo con el Cristo del calvario, del tormento, del martirio, del sufrimiento y mucho más. Él es el Cristo del amor incondicional, el que cargó nuestras enfermedades y soportó nuestros dolores, fue herido por nuestras rebeliones, molido por nuestras iniquidades; el castigo de nuestra paz fue sobre Él y gracias a sus heridas fuimos sanados (Isaías 53:4,5). El altar del holocausto simboliza, representa y es la sangre, el sacrificio para perdón y la culpa de la iniquidad, el pecado y la rebelión. Es además tipo y sombra de la muerte de la carne y la entrega del corazón. Creo personalmente que un corazón que rinda su orgullo y que se muestre agradecido se rendirá libre y voluntariamente en el altar de bronce. ¡Decídase a enfrentarlo!

Solo existen tres opciones

La persona que entra por la puerta solo tiene tres opciones cuando se tropieza con el altar. Rodearlo y pasarle por el lado, viendo todo lo que ocurre en el atrio. Convertirse en un mero observador, permanecer en la congregación sin cambios emocionales ni espirituales, y mucho menos experimentar victoria en Cristo. Se conforma con lo que tiene y no aspira a más en el Señor. Se mantiene sentado en la gradas de la cancha en un espíritu de conformismo. Se coloca una máscara de religiosidad y solo cumple con los ritos que le "convienen".

Lo segundo que pudiera hacer es verlo, dar media vuelta y salir corriendo por la puerta hacia afuera. Estas son las personas que no están dispuestas a cumplir con los requerimientos del Reino. Entraron con una mentalidad errada. Escucharon hablar de Cristo, pero cuando se tropezaron con el altar de bronce resistieron morir a su egocentrismo y a la programación de pecado que traían del mundo. Aunque en su programación espiritual tienen la capacidad de entender a un Dios de amor y santidad, no se someten al estilo de vida que Dios les demanda. Este tipo de individuo no muestra señales de arrepentimiento e insiste en el pecado porque no están dispuestos a razonar a un Dios de amor, de santidad y de una demanda tan radical. El trono de gracia y misericordia provisto para el creyente será cosa muy lejana a no ser que recapacite y obedezca. Por último tenemos al creyente que ve el altar y decide traspasarlo conectándose a lo que él representa. En otras palabras tratar con el pecado y morir a él. A este tipo de creyente el Señor los honra, y normalmente reciben con gran facilidad su liberación emocional y espiritual. Logran ser creyentes victoriosos y cambian su mentalidad. Son dóciles a la Palabra y a la corrección.

No queremos pasar al próximo capítulo sin antes especificarles que la explicación concedida en él, responde a cómo se interpreta el concepto de la sangre en el altar. La explicación será de mucha ayuda para comprender su efecto en la esfera espiritual. Así que preste mucha atención al concepto y a la práctica del sacrificio. Ello les dará gran luz para la liberación de las prácticas idolátricas con derramamiento de sangre. Le invitamos a continuar esta jornada y traspasar el altar. Tenga por seguro que Dios se glorificará en su vida.

La vida de la carne en la sangre está

PARA LA EXPIACIÓN DEL ALMA se requiere sangre. El imperio satánico conoce este principio y por tanto, en su determinación por distorsionar y destruir los diseños divinos levantará un plan paralelo. En el huerto de Edén hizo caer a Adán, logra engañarlo. Entonces, Dios se traza un plan para redimir al hombre de su caída. Su plan registra la palabra "derramamiento de sangre". Se escucha una voz en el infinito que dice: "redimiré al hombre con un pacto de sangre"; "sin derramamiento de sangre no se hace remisión".

Satán escucha el decreto, y ahora va a idear la manera de frustrar los planes de Dios. ¿Cómo lo hace? Va a utilizar su arma favorita, la mentira, y con sus sutiles engaños inducirá al hombre a pactar con él por medio de la sangre. Copiará el diseño divino e inducirá al hombre utilizando diferentes medios y estrategias para pactar y hacer alianzas con él, por medio de la sangre. Todo con el solo fin de obtener poder y control del ser humano y que éste no pueda ser redimido.

El imperio satánico, al conocer el principio espiritual envuelto en un derramamiento de sangre, levantará estrategias en donde pueda obtener poder sobre la sangre. Crearán diseños para engañar al hombre con derramamientos de sangre. Obtener la sangre es obtener poder sobre el hombre mismo. La pelea del mundo de las tinieblas se va a levantar sobre la sangre porque para la expiación del alma se requiere sangre. En el mundo espiritual la vida de la sangre es la vida del Reino. La sangre derramada de Cristo es la vida del Reino. Entender el significado de la sangre en el mundo espiritual, nos ayudará a entender el porqué de muchos cristianos que aman al Señor no logran ser efectivos en su relación con Él. Se sienten fracasados y pareciera que un muro invisible no les permite caminar más allá. Creen que Dios los ha abandonado. ¿No será que la raíz del conflicto está en una alianza satánica llevada a cabo con derramamiento de sangre? ¿No será que sus ancestros pactaron con sangre y sus descendientes quedaron cautivos? ¿No será que dicha alianza no se ha roto?

Para llevarlo a la revelación del elemento de la sangre, quisiera que usted leyera este capítulo como si usted estuviera advirtiendo un positivo y un negativo. Un blanco en oposición al color negro. Cielo en oposición al infierno. Mientras usted lee este capítulo note la similitud que existe entre la forma de llevar a cabo los ritos del sacrificio y la manera en que operan las ramificaciones del ocultismo y la idolatría a través de los tiempos. Satanás ha logrado encadenar al hombre para que no pueda lograr el propósito por el cual fue creado, copiando las ideas, palabras y la obra de Dios.

Las cosas naturales nos revelan las espirituales. Le invito a ver este elemento llamado "sangre", desde esta perspectiva. El significado de la sangre cambió el curso de la historia de la humanidad cuando fue derramada por un cordero inmolado llamado Cristo. ¿No le parece a usted que este dato es más que suficiente para que le demos el valor que le merece a este elemento?

Elemento que no podemos obviar

La sangre es un elemento sumamente importante el cual no podremos obviar.

Levítico 17:11 nos dice la razón de ser: *"Porque la vida de la carne en la sangre está, y yo os la he dado para hacer expiación sobre el altar por vuestras almas; y la misma sangre hará expiación de la persona..."* La vida de la carne en la sangre está. La misión principal y la revelación del altar de bronce, deben ser vistas vinculadas con la sangre de la expiación. Este altar representa la cruz, y era el único lugar del sacrificio y expiación por la sangre. No existía ningún otro lugar de sacrificio en el Tabernáculo. Dios había asignado el altar de bronce para el sacrificio. Ningún otro lugar era aceptable para Dios. Todo debía venir por medio de la sangre sobre el altar. Esas eran las instrucciones dadas por el jefe mayor. Todos recibían el mismo mensaje. El lugar del derramamiento de sangre y muerte se encontraba en el altar de Dios.

La sangre de los animales en el rito de la expiación tenía un propósito. La norma establecida desde el contexto del Tabernáculo era que esa sangre purificaba y expiaba el pecado. La paga del pecado es muerte, está escrito en Romanos 6:23. En el ritual los animales sustituían a los humanos; una vida inocente pagaba el precio por otra, la del culpable. Para ese entonces el sacrificio animal era la provisión de Dios, que en su gracia, fue concedida al hombre. El Tabernáculo representa la conexión con la muerte de Jesucristo para el perdón de pecados.

Salpicados por la sangre

Todas las piezas de mobiliario tenían que ser dedicadas al Señor, rociándolas con la sangre obtenida desde el altar. El candelero de oro, el altar de oro de incienso, la mesa de los panes de proposición, la fuente, el propiciatorio, el Tabernáculo, todo recibía sangre salpicada sobre ellos. Cuando la sangre era salpicada sobre cada elemento cobraban significado espiritual y tenían lugar en el ministerio del santuario. Salpicar la sangre sobre todos ellos activaba el pacto. Los pactos en los tiempos del antiguo testamento se sellaban con sangre de la misma manera que se firma un contrato. ¡Al ser salpicados por la sangre, Dios sellaba la obra con su gloria!

Dios únicamente podía morar con el hombre sobre la base de la sangre. Era la sangre la que cambiaba el panorama. La sangre era lo que se daba para la expiación del alma. La sangre estaba ligada al alma. La sangre rociada alrededor del altar significa la obra de Cristo por nuestras almas alrededor de la cruz. La sangre testificaba el plan redentor por nuestras almas. Para tener comunión con Él, tenemos que permanecer junto a la cruz. Hablar del altar es hablar de la cruz. Si queremos tener comunión con Él tenemos que estar salpicados con su sangre.

Imaginemos la escena

No había nada hermoso con relación al sacrifico de animales. No había nada fotogénico sobre el cuerpo y la sangre de las víctimas muertas. Probablemente, era una visión horrible y repulsiva. El aspecto inevitablemente era sanguinario. Los olores que se percibían en el lugar eran poco agradables. La sangre derramada emite un mal olor. Era el lugar del juicio. Era una escena de fuego, humo y derramamiento de sangre. Cuando el israelita se enfrentaba al altar, la escena era grotesca porque lo que se veía era sangre por todos lados.

La escena que estaban viendo los israelitas de aquel entonces no era otra cosa que la predicción de lo que acontecería en el Calvario. El Calvario fue la escena del pecado, sufrimiento, sangre y muerte. Allí el pecado fue tratado por Dios. Fue el lugar de muerte del Cordero de Dios, y el único lugar en el universo donde la sangre de Jesús fue derramada por los pecados. Fue la escena del juicio contra el pecado y del derramamiento de la sangre. No fue un escenario hermoso ni acogedor. Pero sin derramamiento de sangre, no hay perdón de pecados. ¡Sin sangre no hay vida!

La manera en que Dios marcó el camino para los israelitas primeramente fue expresada en la puerta del atrio, con Cristo y el ejercicio del arrepentimiento. Allí comenzaba el proceso de reconciliación. El próximo paso era venir al altar y recibir justificación por fe en la sangre. El valor que contiene el altar de bronce en la esfera espiritual para el antiguo Israel y para nuestro presente es sumamente importante. La actitud que se asuma frente a este mueble va a determinar la condición espiritual de todo aquel que se decida a entrar en el Tabernáculo. La misma ley espiritual sigue vigente en nuestros tiempos. El velo ha sido rasgado y tenemos acceso por medio de la sangre del Cordero, pero ese acceso está condicionado a la manera de Dios. Nosotros al presente seremos juzgados de la misma manera que el Israel del Antiguo Testamento.

La sangre nos protege

La sangre del Cordero era la protección contra la esclavitud y el juicio.

> Éxodo 12:13 relata: *"Y la sangre os será por señal en las casas donde vosotros estéis; y veré la sangre y pasaré de vosotros, y no habrá en vosotros plaga de mortandad cuando hiera la tierra de Egipto".*

> Romanos 3:24, 25 refiere: *"siendo justificados gratuitamente por su gracia, mediante la redención que*

es en Cristo Jesús, a quien Dios puso como propicia-
ción por medio de la fe en su sangre, para manifestar
su justicia, a causa de haber pasado por alto, en su
paciencia, los pecados pasados".

Romanos 5:9 añade: *"Pues mucho más, estando ya*
justificados en su sangre, por él seremos salvos de la
ira".

En Egipto, Dios le había dicho a Moisés que el ángel
de la muerte pasaría matando a todo primogénito. Jehová
les manda sacrificar un cordero y poner la sangre en los dinteles de la puerta (Éxodo 12:12,13).

Aquí Dios establece un fundamento que será a per-
petuidad: los que están bajo la protección de la sangre del
sacrificio no pueden ser tocados por la muerte. No solo era
necesario matar el cordero pascual y derramar su sangre, tenía que ponerse en los dinteles de la puerta de la casa.

El ser humano lo único que necesita es ser rociado
por la sangre para que disfrutaran de paz. Al pasar el ángel
destructor, éste pasaría de largo. Calcular el efecto y valor de
la preciosa sangre del Cordero de Dios para el alma del ser
humano es prácticamente imposible.

Los pensamientos, sentimientos y actitud del israelita reposaban en el valor de la sangre. La sangre le propor-
cionaba paz y seguridad al israelita. Sus corazones estaban
confiados y tranquilos. La sangre estaba impregnada en sus
puertas, ellos sabían que esa sangre tenía todo el poder y
era perfectamente suficiente para apartar el mal de sus vidas. Ellos estaban seguros de las instrucciones de Dios y del
cumplimiento de su promesa.

Si Satanás logra convencer al individuo que derrame
sangre pidiéndole protección, ocurrirá lo inverso de lo que
el individuo espera. A partir de la alianza, la persona quedará totalmente desprotegida, desamparada, abandonada y

expuesta a todo tipo de males. Sencillamente quedará sin el abrigo del Altísimo.

Concepto de la sangre a lo largo de la Biblia

En el Tabernáculo la sangre es el primer elemento expiatorio que Dios revela al hombre. Desde la caída del ser humano hasta la revelación del plan redentor por vía de Jesucristo vemos un patrón repetitivo a lo largo de toda la Palabra de Dios. Existe un postulado constante de Dios, una conexión que proyecta toda la escritura, es la sangre. Escudriñemos este poderoso elemento que tuvo la capacidad de darnos la plenitud, paz de espíritu y victoria total en la figura de Jesucristo. Exploremos un poco lo que nos reseña la Biblia. La Biblia nos refiere algo sumamente importante de cómo podía entrar el sumo sacerdote al Lugar Santísimo. El sumo sacerdote no podía entrar sino traía consigo la sangre.

Hebreos 9:7 refiere: *"Pero en la segunda parte, sólo el sumo sacerdote una vez al año, no sin sangre, la cual ofrece por sí mismo y por los pecados de ignorancia del pueblo"*.

Abel fue el primer mártir que registra la Biblia por ofrendar a Dios un sacrificio que fue agradable para Él. Abel tenía la revelación de cómo se le ofrendaba a Dios y del poder de la sangre. La vida de Abel estaba consagrada para presentar sacrificio a Jehová. Así que Abel cuidaba de un rebaño para ofrecer el holocausto debido a Dios. La aceptación del sacrificio de Abel por parte de Dios apuntaba que ese era el único medio para acercarse a Él. Eso no ha cambiado a través de la historia.

El plan de Dios estaba determinado desde la eternidad, el hombre no podrá recibir de Dios absolutamente nada fuera de este poderoso elemento. Es a través de la sangre la única manera de que el hombre conecte con Dios. Inmediatamente a la caída del hombre, Dios le revela la única manera de poder tener comunión con Él.

Noé sabía lo que tenía que hacer, y después del diluvio, santificó la tierra para Jehová, con un holocausto, con un derramamiento de sangre (Génesis 8:20). Consagró a Jehová la tierra.

El primer mandamiento que Dios le da al hombre se describe en Génesis 9:4: *"Pero carne con su vida que es su sangre, no comeréis. Porque ciertamente demandaré la sangre de vuestras vidas".*

La sangre fue el plan de Dios para redimir al hombre, por tanto no puede ser tomada a la ligera. Existe un misterio poderoso y muy profundo en la sangre. La sangre representa la póliza que Dios determinó en su plan de redención. La sangre tiene su sello y por esto debe ser respetada.

¿Qué tal si vemos el principio de la sangre en las vidas de Abraham e Isaac? En su historia Dios añade un nuevo concepto al sacrificio, y es la entrega del corazón, la rendición total a Dios. Abraham es probado por Dios. Dios le demanda lo que más amaba, su hijo. Isaac, su hijo, tipo de Cristo, pone su vida en el altar. Jehová recibe el sacrificio, pero envía un cordero para ser puesto en holocausto en lugar de Isaac. Este es el principio de todo sacrificio, el principio de la expiación. Y es también el principio de la redención con la que Cristo nos compró.

En Éxodo 24:5-10, Dios vuelve a tratar con el hombre pero en una manera más directa en el Sinaí. Por primera vez establece su pensamiento, su justicia y su ley entre los hombres, y allí vemos aparecer el mismo principio: derramamiento de sangre. La sangre del sacrificio se rociaba sobre el altar, sobre las tablas de la ley y sobre el pueblo. Ningún ser humano por más obediente que sea, ni por su moral ni por su ritualismo religioso, hallará aceptación de parte de

Dios si no es mediante el derramamiento y el rociamiento de sangre.

Se confirma un pacto cuando se rocía sangre sobre la persona

En Éxodo 24:8, Moisés tomó la sangre que estaba en los recipientes y la roció sobre el pueblo. Esa era la sangre que confirmaba el pacto que Dios había hecho con ellos. En este ritual o ceremonia, Moisés derramada la mitad de la sangre de los animales sacrificados sobre el altar, demostrando con este acto que el pecador podía acercarse a Dios, porque alguien (en este caso un animal) había muerto en su lugar. La otra mitad de la sangre era rociada sobre el pueblo demostrando así que el castigo había sido pagado y podían reunirse con Dios.

Estos eran actos simbólicos en donde el pueblo de Dios aprendía lecciones espirituales relacionadas con la muerte sacrificial o expiación de nuestro Señor Jesucristo. Al rociar la sangre sobre la persona se confirmaba el pacto que destruía y borraba toda conexión con el pecado. Esa sangre confirmaba un vínculo indisoluble. Con este ritual, el pacto quedaba solemnemente establecido. Era la manera en que se le colocaba el sello al pacto. Esta ceremonia tenía un gran significado espiritual. Significaba consagración al Señor y su pacto con Él. No existe unión más fuerte que la sangre.

Marcos 14:24 nos reseña lo siguiente cuando Jesús tomaba la santa cena con sus discípulos: *"Y les dijo: Esto es mi sangre del nuevo pacto, que por muchos es derramada"*.

Con su bendita sangre Dios hace un trato con toda la humanidad. Con ella se confirma la alianza. La entrega por parte de Cristo fue voluntaria. El mundo de las tinieblas hace exactamente lo mismo. Sella individuos ignorantes de estos principios para encadenarlos y consagrarlos a él. Miles de seres humanos son engañados a diario asiendo alianzas diabólicas voluntariamente. La sangre de Cristo quebranta toda conexión con el pecado. La sangre de Satanás une al pecado, estableciendo un vínculo difícil, pero no imposible de romper.

¿Por qué Dios escoge la sangre?

La sangre es un fluido trascendental para la vida de todo ser humano. Decir la palabra sangre es decir vida. La sangre significa y es la vida misma. Lo vimos en Levítico 17:11. En la sangre está la vida, y el valor de ésta sangre tiene que ver con el nivel de jerarquía que representa. La sangre de Cristo está por encima de todo valor expresable. Está por encima del valor de la sangre de un animal, y mucho más valiosa que la sangre de cualquier ser humano.

Si en la sangre está contenida la vida, la sangre de Jesús contiene la vida de Dios (Juan 6:53-56). "Beber de su sangre" significa apropiarnos de todo lo que su sangre es. La sangre es la vida misma de Dios. Es la esencia misma de su magnificencia. Su sangre es sangre de resurrección. Allí está todo el poder contra el diablo. Por eso es verdadera bebida para el fortalecimiento del espíritu. La sangre es la puerta que nos une a Dios. Es donde se funde el Espíritu de Dios con el del hombre, porque en la vida de Dios esta su Espíritu.

Jesús es el camino a través del cual podemos llegar al trono de gracia; pero jamás hubiera podido serlo si no hubiera derramado su sangre, porque ella adquiere su valor expiatorio cuando es ofrecida en el altar (Levítico 8:14).

- La sangre del sacrificio que corría por sus venas lo llevaba continuamente a la autonegación y a la entrega por los demás. Y esto mismo sigue haciendo hoy, en las vidas que se han rendido a su sangre.

¿Qué es la sangre?

Sangre en latín es *"sanguis"* y tiene varios significados, entre ellos los siguientes: es una sustancia líquida que distribuye oxigeno, nutrientes y otras sustancias a las células. Recoge los productos de desecho que producen las células. El término sangre se utiliza para hacer mención del linaje o parentesco y condición o carácter de una persona. Por la definición que acabamos de leer es un hecho que todo ser humano obtiene continuamente su sustento de la sangre. Todo cuanto es y rodea al hombre está impreso en su sangre. Es allí donde está impreso su ADN. Es su genética, es lo que carga en cuanto a sus características físicas y emocionales.

La sangre en la mentalidad del mundo ocultista

Los pactos de sangre en la mentalidad ocultista tienen gran significado. Referimos a estas alturas la leyenda del Dr. Fausto. Esta leyenda registra cómo Fausto entra en un pacto con los poderes malignos, representado en el personaje de Mefistófeles, embajador del infierno. Fausto, doctor en teología, vende su alma al diablo con el propósito de adquirir poder y conocimiento.

Fausto está a punto de firmar un contrato con Mefistófeles, quien le pide lo firme con su propia sangre. Fausto, algo inquisitivo, mira a Mefistófeles. Sin embargo, Mefistófeles prorrumpió rápidamente el siguiente pronunciamiento. Estas palabras debemos considerarlas con mucha seriedad: "La sangre es un fluido muy especial".

Indica la leyenda que Fausto se hace una pequeña incisión en la mano izquierda con un cortaplumas, y al tomar la pluma para firmar el contrato, la sangre que brotaba de la herida formó las siguientes palabras: "¡Oh, hombre!, escápate".

Satanás es un enemigo de la sangre. ¿Por qué entonces Satán desea la sangre de un ser humano teniéndole tanta aversión? La única explicación razonable, es que él conoce el efecto e implicaciones en la esfera espiritual. Por tanto bajo ninguna circunstancia él se encuentra indiferente con relación al valor de la sangre. Para él era sumamente trascendental que el contrato se firmara con tinta sangre y no con tinta ordinaria.

Es evidente que el representante de los poderes del mal está convencido de que tendrá a Fausto mas sujeto a su poder si puede obtener, aunque sea una gota de sangre. Creo que la leyenda deja claramente establecido el impacto espiritual que está escondido detrás de un pacto de sangre, nadie puede dar otra explicación al asunto.

Fausto debe escribir su nombre con su propia sangre, porque el diablo desea obtener poder sobre la misma. La batalla del mundo de las tinieblas es por la sangre. Esta leyenda representa el gran enigma del universo, "el poder de la sangre".

Satanás y sus huestes de maldad son enemigos de la "sangre". Escrito está, la sangre es la que sostiene y preserva la vida. Cuando ésta es derramada significa muerte. La sangre es símbolo de vitalidad, pero cuando ésta se derrama se corta la vida, se seca. La sangre es la vida que anima, fortalece y alienta a todos los seres humanos. Cuando se derrama se van las fuerzas, viene el desánimo, la depresión y el abandono a todo tipo de mal posible.

Existen creencias culturales que dicen que en la sangre se cargan las huellas de las tendencias de los antecesores. Satanás, que es el enemigo de la raza humana, lógicamente es el enemigo de la sangre. El utiliza esta sustancia para propagar la iniquidad, el pecado y la rebelión a la raza humana. En el ocultismo hacer un rito que envuelva sangre es hacer un amarre y tarde o temprano eso tiene consecuencias. Los amarres se hacen para someter la voluntad de la persona. Existe un mito en el mundo del ocultismo que dice que lo que tiene poder sobre la sangre tiene poder sobre la persona. Si Satanás obtiene lo que domina y le da vida al hombre, entonces lo tendrá ligado a él por completo. El que domine la sangre, domina al hombre física, emocional y espiritualmente. Los demonios se adhieren a la sangre del hombre logrando impactar los órganos vitales del cuerpo, logran inclusive controlar su sistema nervioso central induciendo imágenes y mensajes del mismo infierno.

Definitivamente la sangre es un "fluido muy especial", porque es por ella que se libra la gran batalla cósmica. Dios creó su plan y Satanás pretende a toda costa igualarlo y usar el mismo principio espiritual para hacerle la guerra.

El significado de la sangre en la cultura judía

Según la cultura judía la sangre es el flujo que porta e irradia la energía del nefesh, que es la fuerza vital, el estrato espiritual inferior de hombres y bestias hacia la carne, a modo de darle vida.

Cuando se extrae la sangre de un cuerpo, éste pierde su cualidad de conexión y todo vínculo espiritual. A pesar de que es un líquido inerte anímicamente, emocionalmente es significativo. La sangre representa la vida, al ser derramada constituye el corte de la vida. Ella encierra el misterio de la muerte.

Los judíos en general siguen al pie de la letra el mandamiento de no consumir la sangre del animal. Consideran e interpretan que parte del nefesh animal se asimila al organismo del que la ingiere, obstaculizando su progresión espiritual.

Sangre ajena

¿Por qué es importante que entendamos los principios espirituales contenidos en la sangre? La revelación está en que toda persona que anhele liberación no puede presentarse al Lugar Santísimo con sangre ajena. Nadie podrá adentrarse en el Lugar Santísimo cargando sangre que no sea la de Cristo.

Romper y renunciar a todo pacto con el mundo de las tinieblas por medio del arrepentimiento será asunto obligado a todo el que anhele estar delante del Señor. Dios perdona el pecado de la idolatría y todas las prácticas del ocultismo, pero estos pecados cargaron consigo unas consecuencias. Es como el individuo que se convierte a Cristo cargando con un sida. Dios perdona el pecado que lo condujo a contraer dicha enfermedad, pero los efectos de esto tendrá que trabajarlo en liberación. El sida permanecerá allí a no ser que sea quitado por medio de la oración de arrepentimiento, sanidad y/o liberación.

Los pactos de sangre en el mundo del ocultismo o cualquier forma de idolatría son muy poderosos y tienen un efecto profundo en la esfera espiritual. Cuando se han hecho pactos de sangre sobre una persona, la persona ha quedado contaminada. Una vez se derrama sangre, se activa un pacto.

Génesis 15:17 reseña cómo era el ritual del pacto. En la antigüedad, cuando se hacía un pacto, se confirmaba mediante una ceremonia especial en la que varios animales se partían por la mitad. Los que hacían el pacto pasaban en medio de las mitades y repetían en voz alta los términos del pacto. Los animales muertos servían de advertencia de lo que pasaría a quien no cumpliera con su compromiso.

Jeremías 34:17-22 refiere que cuando no se cumple el pacto viene contra la persona guerra, enfermedad, hambre, destrucción total. El pacto de sangre es sumamente fuerte, ya que en la sangre está contenida la vida, y es por consecuencia un pacto de por vida y el romperlo implica la muerte del transgresor.

Recuerde que el altar era un lugar de muerte. Usted debe hacer la transferencia de este principio al mundo de las tinieblas para poder entenderlo. En Cristo es lugar para dar vida. ¿Quién tiene el derecho legítimo de tu vida, si derramaste sangre y en la sangre está la vida?

Hebreos 9:24, 25 nos dice: *"Porque no entró Cristo en el santuario hecho de mano, figura del verdadero, sino en el cielo mismo para presentarse ahora por nosotros ante Dios; y no para ofrecerse muchas veces, como entra el sumo sacerdote en el Lugar Santísimo cada año con sangre ajena".*

La palabra "ajena" es *"alótrios"* en griego y significa "de otro". No podemos entrar en el Lugar Santísimo con sangre de otro. ¿Con qué sangre pretende usted entrar en el Lugar Santísimo? ¿Si usted tiene encima sangre ajena, tendrá usted la protección divina? Cuando el ángel de la muerte venga sobre su casa, pasará de largo, o tendrá derecho a entrar a destruir. Cuando Dios te mira, que es lo que ve, la sangre de Cristo o la sangre "de otro".

¿Cómo podemos vencer a Satanás?

El poder de la sangre se encuentra resumido en Apocalipsis 12:11: *"Y ellos le han vencido por medio de la sangre del Cordero y de la palabra del testimonio de ellos, y menospreciaron sus vidas hasta la muerte".*

¿A quién se refiere la Biblia cuando dice "ellos"? "Ellos" se refiere a nosotros los cristianos. ¿A quién se refiere cuando dice "Y ellos le han vencido"? ¿A quién vencieron? "Le han vencido" se refiere al enemigo, Satanás.

La clave para vencer a Satanás es por medio de la sangre. La sangre de Cristo es la que venció a Satanás, y es únicamente a través de ella que nosotros podremos vencerlo. Ahora entiende usted porque el mundo de las tinieblas ha diseñado tantas formas de contaminación con sangre ajena. Esto lo ha hecho con tal de que la raza humana no pueda entrar en el Lugar Santísimo. La sangre ajena le concede un derecho legal para oprimir y mantener en cautiverio a mucho pueblo de Dios.

¿Cómo podemos vencer a Satanás? Lo vencemos por la sangre del Cordero y por la palabra de nuestro testimonio. Le vencemos testificando lo que la sangre ha hecho por nosotros. La sangre de Jesús nos santifica. La sangre de Jesús nos separa para Dios. La sangre de Jesús nos justifica. Ser justificado significa ser declarado como uno que no es culpable. Significa ser contado como justo, como si nunca hubiese pecado. La sangre de Jesús nos limpia. Nos limpia en el presente, pasado y futuro. Siempre está activa para limpiarnos. El proceso es continuo. Si pecare, el arrepentimiento nos abre la puerta para la limpieza por su sangre.

El primer encuentro con la sangre acurre cuando Caín mata a su hermano Abel. Dios expresa la gravedad del asunto y pregunta en Génesis 4:10: *"¿Qué has hecho? La voz de la sangre de tu hermano clama a mí desde la tierra"*.

La sangre tiene boca. Tiene el potencial dado por Dios de clamar desde la tierra en donde allá sido derramada. Si tiene boca tiene un oído que la va a escuchar y ese se llama Cristo. Satanás cree que con obtener la sangre tendrá el control de ese ser humano. Se equivocó, porque cuando el individuo se arrepienta, la sangre misma clamará al Dios todopoderoso. A Satán se le olvida que la sangre del Cordero inmolado tiene voz que clamará por todos aquellos que fueron engañados por él.

El derramamiento de sangre contamina la tierra. Tú y yo venimos del polvo de la tierra. Y solo con la sangre de aquel que la derramó es posible hacer expiación a favor de la tierra (Números 35:33). Jesús cubrió con su propia sangre la tierra, con el solo fin de espiar todos nuestros pecados. Es por su sangre que seremos liberados de todo cautiverio espiritual. Zacarías 9:11 refiere que por causa del pacto de sangre con Dios serán liberados todos los que han caído en cisternas secas. La vida es un don de Dios y carga consigo un alto precio. Es por eso que Dios prohibió ingerir sangre. Este fue un estatuto perpetuo (Levítico 3:17). Donde quiera que el hombre habitare, en cualquier rincón de la tierra, por todas las generaciones, ninguna sangre se comerá, ni de animal, ave o seres humanos.

Bendita sea la sangre del Cordero

Bendecimos una y mil veces la sangre del Cordero de Dios porque ella tuvo la capacidad de cambiar el curso de la historia de la humanidad. Ella cambió el curso de nuestras vidas. La sangre derramada al colocar la corona de espinas en su frente tuvo la capacidad de cubrir y cambiar nuestros paradigmas y todo un sistema de creencias erradas. Ella tiene la capacidad de destruir todo argumento del mismo infierno y todo ataque en la mente del creyente. Ella nos abrió el camino para establecer el gobierno de Dios en la tierra.

Su sangre tiene la capacidad de cubrir nuestras puertas físicas y espirituales. Rociada la sangre de Jesús, recibimos gracia y paz multiplicadas. Somos perfeccionados mediante la sangre del pacto. Gracias a ella tenemos libertad para entrar en la presencia de Dios. Ella limpia nuestra conciencia de obras muertas para servir a un Dios vivo. Por ella somos redimidos de los poderes de las tinieblas. Es por ella que podemos reprender a todos los espíritus de tormento, miedo, culpa, vergüenza, condenación y mucho más. Recibimos los beneficios del pacto, salud, sanidad emocional, abundancia, prosperidad, liberación, plenitud y unción del Espíritu Santo. La sangre de Jesús atestigua nuestra redención y salvación. Nos limpia de todo pecado. Ella rompe el poder de la iniquidad, el pecado y la rebelión. Cuando somos rociados con su sangre somos purificados de toda mala conciencia. La voz de la sangre clama por la justicia divina.

Este capítulo ha sido escrito con lágrimas en los ojos, cada día que pasa no dejemos de darle gracias a Jesucristo por cada gota de sangre que derramó por nosotros. Nuestro pecado, iniquidad y rebelión lo llevaron a la cruz; sin embargo Él no escatimó en venir a nuestro rescate y liberarnos del infierno y de la muerte. Aceptemos la invitación de Jesús y comamos su cuerpo y bebamos su sangre. Las leyes del Reino fueron escritas con tinta sangre. Los estatutos y mandamientos son inquebrantables y fueron escritos y firmados con sangre santa.

¡Bendita sea su sangre! ¡Estamos santificados por su sangre! ¡Gloria sea dada a Dios!

Rompa y renuncie a toda alianza de sangre

Recuerde que sin arrepentimiento no hay remisión de pecados. No hay indulto que valga si no hay arrepentimiento. Si usted no se ha arrepentido de estas cosas, entonces no se ha dado la remisión (perdón) de estos pecados. Una vez hecho esto, resulta mucho más fácil recibir liberación espiritual y emocional. Usted tiene que hacer la transferencia y llevarlo a la cruz para que se rompa la maldición y reciba liberación espiritual. No estaría demás orar por una transfusión simbólica de la sangre de Jesús, renunciando a su propia sangre contaminada. Pedirle al Señor que limpie su sangre.

Joel 3:21 dice: *"Y limpiaré la sangre de los que no había limpiado; y Jehová morará en Sion"*.

Le recomiendo que haga memoria de posibles pactos o alianzas diabólicas por medio de la sangre. Entre ellas les menciono las siguientes: ritos de santería, satanismo, cortaduras en alguna parte del cuerpo para unir su sangre con la de otro ser humano. Los famosos pactos de hermandad o de amor. La Biblia prohíbe tener relaciones sexuales con la mujer menstruosa, si lo prohíbe por algo es, ¿no le parece a usted?

¿Qué dice usted de los tatuajes prohibidos en Éxodo 20:4? ¿Y Levítico 19:28? Cuando se realiza un tatuaje se derrama sangre, y el individuo sufre mucho dolor. Los diseños utilizados son símbolos relacionados a la idolatría y al ocultismo. No son diseños inofensivos, aunque en apariencia así parecen ser. Estos son artificios satánicos para aprisionar el alma.

Los abortos consentidos abren puertas a diseños y alianzas diabólicas con la muerte. Recuerde que cuando se derrama sangre, se activan pactos o alianzas diabólicas. Desobedecer una ley divina traerá consigo serias consecuencias.

Nunca olvide que la victoria se consigue a través de la confesión y el arrepentimiento. Les recordamos que el ejercicio debe llevarse a cabo ministrando guerra espiritual y sacando al individuo de las regiones de cautiverio. De lo contrario tendremos ejercicios incompletos.

Capítulo VIII

Sin perdón no hay liberación

LA LIBERACIÓN DEMANDA PERDÓN. Otro elemento fuertemente importante que podemos observar en el altar de bronce es el perdón. Encontramos allí resuelto el gran conflicto de la culpa por el pecado. Este es el mueble que representa a Jesucristo como sacrificio supremo por el perdón de los pecados del hombre. La sangre de un inocente fue derramada con el único fin de pagar el precio y ser perdonados de toda culpa por el pecado. Sin perdón nunca hubiéramos sido liberados. Sin perdón no hay liberación. Toda persona que requiera liberación tendrá que perdonar. Tendrá que asumir su responsabilidad porque sin perdón no hay liberación.

Doble compromiso, varias vías

Vivir consagrados a Dios implica un doble compromiso, uno es el espiritual y el otro es social. Uno es personal y el otro es para con los demás. El conflicto del perdón se tiene que resolver en tres vías. El primero es recibir el perdón de Dios, perdonarse a sí mismo, y perdonar a los demás. La cruz señala a lo vertical y a lo horizontal. Lo vertical me señala lo terrenal, las relaciones interpersonales. La horizontal me señala lo celestial, la relación con el Padre, lo cual será limpia y pura si hemos resuelto el conflicto a nivel terrenal. Somos ministros de reconciliación. ¿Cómo podremos reconciliar al mundo con Dios si nosotros no nos hemos reconciliado en alguna de estas tres vías? ¿Cómo podremos conquistar multitudes para Cristo si todavía no se ha conquistado el mundo interior? El gran problema que confronta la raza humana en la esfera emocional está relacionado con la falta de perdón y la culpa. Si fuéramos sinceros realmente no existe ningún ser humano en esta tierra que no haya sido ofendido en algún momento de su vida por un particular o por un ser amado. Necesitamos aprender a ser perdonadores. Necesitamos ser como Cristo. Tenemos que aprender a manejar la culpa en dos vías, la personal y la propensión a culpar a otros. Los pretextos no son admitidos en el gobierno de Dios. El hombre tendrá que afrontar el hecho de que ofendió a Dios con su actitud y corazón no perdonador.

El dolor se quita perdonando

Cuando alguien nos lastima acumulamos dolor. La forma de liberar ese dolor es por la vía del perdón. El dolor que nos causó la ofensa tenemos que trabajarlo lo antes posible. De no hacerlo éste se queda dentro, pasan los días, los meses y los años, se va acumulando con otra y otra ofensa. Llegará el día en que se dispara como un proyectil de alto calibre causando grandes daños, no solo a la persona misma, sino también a los que le rodean. En el momento menos esperado la persona reaccionará con sentimientos de venganza, coraje, ira, odios, y amargura entre otros. La persona que se acuesta sin trabajar la herida abrirá una brecha para todo tipo de mal espiritual, emocional, mental y físico. Las consecuencias serán desastrosas. Entre ellas, tenemos relaciones rotas y sentimientos heridos.

El altar de bronce nos confronta con el principio del perdón y la culpa. Allí se nos revela como Dios extiende Su perdón a la humanidad. Jesús fue como cordero al altar de bronce por nuestra maldad. Nos dio el ejemplo con los que nos lastiman. Herimos el corazón del Padre por causa de nuestro pecado y la respuesta fue perdón.

La carne ofendida del mundo demandará justicia por el daño causado y el reino de Dios demandará conceder el perdón a los ofensores. El efecto de la caída del hombre en el huerto del Edén tuvo grandes consecuencias, entre ellas la huida. Cuando Dios confronta a Adán por su desobediencia, él responde con evasivas, y dice: "la responsable de esto fue Eva". Cuando va donde Eva, ella hace lo mismo, otra evasiva: "Señor, la serpiente me engañó".

El ser humano será confrontado con su dolor. Mantener sentimientos de rencor, odios, corajes, desilusiones, etc., en nada les ayudará a tener acceso al Lugar Santísimo. Por el contrario, le dará a Satanás un asidero de pecado que lo mantendrá enganchado a su alma, oprimiendo y debilitando al espíritu. Quedará trastornada la relación y comunión con Dios, y con los demás. Satanás oprimirá la mente, traerá confusión y establecerá su reino de muerte en la vida de ese individuo.

Los casos llueven en consejería. Muchos son los cristianos oprimidos, zarandeados, y afligidos por el diablo por causa de la falta de perdón en sus vidas. Enfermos física y mentalmente. Lo peor de todo es que muchas veces no reconocen que la raíz de sus circunstancias es la falta de perdón. El conflicto deberá ser resuelto en el atrio, en el altar de bronce.

Las emociones no son de la esfera espiritual

El altar de bronce hace un llamado a la conciencia del hombre para que tenga dominio sobre las emociones. Mientras

125

las emociones rijan y gobiernen en la vida del creyente, sencillamente no han conquistado en la dimensión del reino celestial. La dimensión del Reino, es la dimensión espiritual. Dimensión del espíritu es la dimensión del Lugar Santísimo. Allí se entra con un corazón perdonador y libre de toda culpa. Cuando llega la unción de Dios en nuestras vidas no es para traer emociones, sino para traer orden y gobierno. Cuando el orden y el gobierno de Dios se establecen, es cuando se ha perdonado y liberado de toda culpa. En el reino de Dios las emociones no son tipo de autoridad. Emociones como el llanto, lágrimas por lo que te hicieron, coraje, ira, resentimiento, sentimientos de rechazo, de abandono, etc., no son de la esfera espiritual. Son de la esfera del mundo, terrenal, animal, diabólica.

¡Deje de mendigar amor y asuma autoridad en el Reino y entienda que algo grande viene para usted! ¡El reino de Dios ha llegado! ¡Establézcalo en su vida! ¡Qué llore el diablo! ¡Eche fuera la soledad! ¡Fuera el dolor! ¡Fuera la falta de perdón! ¡Fuera la culpa! ¡Honre la obra de Cristo en la cruz del calvario! ¡Ejerza voluntad para zafarse de las garras del diablo!

Mientras las emociones y sentimientos controlen la vida del cristiano, no se ha establecido el reino de Dios en su vida. ¡No siento perdonar! ¡Siento tanta culpa! Deseos, sentimientos, emociones controlando el alma. Hasta que no se resuelva el conflicto con el perdón en el altar de bronce no se podrá continuar el camino. No se podrá entrar en el Lugar Santísimo, en otras palabras a la plenitud del reino de Dios. Todo cristiano tendrá que resolver el conflicto de odio, resentimientos, amargura, rencores, la culpa por los errores del pasado. Ésta es una demanda del Reino que nadie podrá obviar.

Cuando la persona perdona se establece el orden y el gobierno de Dios. Cada uno de los lugares establecidos en el

Tabernáculo, son dimensiones espirituales, niveles de conquista en el reino de Dios. Cuando el reino de Dios viene a la vida del creyente viene para establecer orden y disciplina. Las emociones no pueden reinar en un individuo que ambiciona conquistar un nivel mayor de unción y de poder dentro del Reino. Tiene que reinar el ejercicio de querer y hacer la voluntad de Dios.

No se prospera si no se logra adelantar la dimensión que establece que conquiste los apetitos de la carne, del alma y del espíritu. Si no se tiene disciplina en estas áreas la persona terminará abandonando el Reino o siendo un creyente sin autoridad y poder.

El Reino es un orden sistemático, eso es lo que vemos representado en el Tabernáculo. En el atrio, en el altar de bronce, tiene que resolverse el conflicto de la falta de perdón y de la culpa, para que cuando se entre en el Lugar Santo el alma pueda recibir lo que Dios tiene. Con falta de perdón y culpa no se puede entrar en el Lugar Santo.

En el altar de bronce se tiene que humillar el corazón. ¡No hay sistema demoniaco que prevalezca ante un corazón que se humilla y responde al perdón y se libera de toda culpa! Todo ser humano que sea dominado y controlado por sus emociones permanecerá en cautiverio. Satanás quiere que el creyente permanezca en cautiverio para que no se cumpla el primero y más grande de los mandamientos, *"amar a Dios con todo el corazón, con toda el alma y con toda la mente"* (Mateo 22:37,38).

Testimonio

A Benjamín Torres Román, padre de una gran amiga y hermana en Cristo, le diagnostican cáncer en el año 2009. Para ese entonces tenía sesenta y nueve años de edad. El pronóstico de vida dado por los médicos fue de un mes a partir del diagnóstico. Los médicos intentan operarlo por el ombligo para ver en qué estado estaba, y si lograban prolongarle la vida. Se encontraron con una metástasis en el hígado, pulmones, intestino y estómago. Dijeron que solo un milagro podía salvarlo. Intentarían con quimio a ver si le podían prolongar la vida unos días más.

Este varón de Dios ha estado en los caminos del Señor desde su infancia. Nos llaman para ver si yo podíamos orar por él y ayudarlo en el proceso. Descubrimos en medio de nuestra conversación que el cargaba con unos sentimientos de culpa muy profundos. Le fue infiel a su esposa y terminó divorciándose de ella. Durante todo el resto de su vida le pedía perdón a Dios una y otra vez por su infidelidad. No lograba perdonarse. Se le explicaron los principios espirituales aquí presentados, y pudo entender que no había honrado a Dios. No había hecho la transferencia de su culpa, había estado cargando con ella aún cuando Cristo ya se la había quitado y lo había perdonado. Claramente entendió que había caído en un cautiverio y que Satanás tenía todo el derecho legítimo de torturar y dañar su cuerpo. Todo porque él mismo se lo había concedido involuntariamente. Oramos, y en la oración se arrepintió de haber ofendido a Dios, se perdonó e inmediatamente oramos proféticamente por él rompiendo sus ataduras y sacándolo del cautiverio en donde se encontraba. Él reclamó las promesas del Señor y el nivel de fe era tan grande que lo ayudó a pelear con la misma muerte.

Los niveles en la sangre de células cancerosas eran de setenta y siete. Comenzaron a bajar los niveles de forma vertiginosa y al año los médicos se dieron cuenta que el cáncer se había encapsulado en el tumor principal. Su oncóloga dijo: "No hay nada ya, no hay nada más que buscar". Los mismos médicos reconocieron que había sido un milagro.

Cristo lo hizo hacen más de dos mil años. Nos resta a nosotros hacer la transferencia. Don Benjamín nos confesó que nunca había oído una explicación de esto en las iglesias que ha estado. Reconoció que por ello perece mucho pueblo.

La culpa lleva en sí castigo, y todo aquel que no se ha apropiado del perdón cargará con la culpa y con los efectos tan funestos que ésta carga en sí misma.

Haga la transferencia

Hemos hablado de cómo se llevaba a cabo el ritual para el perdón por el pecado y la liberación de la culpa. El que presentaba la ofrenda tenía que poner las manos sobre su cabeza como señal de transferencia. La víctima llevaba la culpa y pagaba el precio, la muerte. El conflicto de muchos creyentes es que no han hecho la transferencia. Continúan cargando con la culpa por el pecado. Continúan igual que el impío, aunque han entrado por la puerta, se han retenido en el atrio, y no se han apropiado de los beneficios que se reciben al entrar al Reino. Sin darse cuenta anulan la obra redentora de Cristo en la cruz por su falta de perdón.

Si el creyente no recibe y cree en el perdón de Dios por vía de su hijo Jesucristo estará bajo juicio. Si no perdona estará bajo el juicio de Dios. En el altar de bronce era donde se desataban los juicios de Dios. Era el lugar de misericordia. Era el lugar de la redención, pero también era el lugar de la paga por el pecado. La paga por el pecado era la muerte. La persona se estará quejando delante del Señor porque no la bendice y no ve que prosperen sus cosas. No entiende que la falta de perdón lo mantendrá en cautiverio y bajo juicio. Siempre estará en una constante lucha espiritual, puesto que el imperio de la muerte tendrá derecho legítimo de operar en el creyente.

La falta de perdón destruye

La falta de perdón destruye la vida de todo creyente en el área espiritual, emocional, mental y física. Mateo 18:23-35 registra la parábola de los dos deudores. La mencioné solapadamente en el capítulo I pero quisiera enseñarles varios principios espirituales escondidos allí y relacionados con el perdón.

El rey quiso ajustar cuentas con sus siervos. Cuando comenzó el proceso vino a él uno que le debía miles de monedas de oro. Al no tener con que pagar, el señor mandó que lo vendieran a él, a su esposa y a sus hijos, y todo lo que tenía, para así saldar la deuda. La falta de perdón va a afectar a los seres que nos rodean. A los que más amamos. Se afectará la familia y todo lo que tenga el individuo. Bienes físicos y financieros.

El hombre fue perdonado pero no quiso perdonar a su deudor. En adelante leemos que el orgullo y la violencia prevalecieron. El siervo hizo reclamos a su deudor, no ejerció la capacidad para perdonar. Al fin y al cabo el rey se enteró de su conducta, enojado, lo entrego a los verdugos. La palabra verdugo en griego es *"basanistes"* y significa, "uno que consigue información mediante la aplicación de tormento". Son espíritus atormentadores, uno que tortura. Las consecuencias de no perdonar son profundas. No podemos tomar este fundamento del Reino solapadamente.

¿Qué es perdonar?

Perdonar es ceder los derechos a pedir venganza por los daños causados. Jesús canceló la deuda por causa del pecado, el creyente por ende debe emular a su libertador, cancelando toda deuda pendiente con el prójimo. Perdonar es liberar o dejar ir a una persona que nos ha ofendido. Es soltar a la persona que nos causó daño. Es un acto totalmente voluntario en donde las emociones son sometidas a la obediencia del espíritu. Es un acto en donde se ejerce dominio de las emociones.

La falta de perdón es una trampa o carnada del enemigo para que la persona se amargue y pierda su bendición. En Mateo 27:34 se registra que a Jesús le dieron a beber vinagre mezclado con hiel; pero después de haberlo probado, no quiso beberlo. Satanás quiso que él se amargara por lo que le estaban asiendo. Quiso imponer su odio sobre la vida de Cristo en un momento de tanto dolor, pero no lo logró. Jesús ejerció dominio y no quiso beberlo, conquistó y al tercer día resucitó en victoria ¡aleluya! Usted también puede levantarse en victoria cuando lo hieran y no amargarse la vida.

¿Por qué perdonar?

Las razones son muchas, el pueblo cristiano tiene que ser educado al respecto. No es solamente decirles que tienen que perdonar. También tienen que ser educados en cuanto a los beneficios y las consecuencias negativas que esto puede tener en su vida espiritual. Si la persona no perdona Satanás ganará seria ventaja sobre él. Satanás ganará ventaja en el aspecto físico como en el emocional. Se ha encontrado una clara asociación directa de pacientes de cáncer y otras enfermedades físicas, así como también un sin número de problemas emocionales por la falta de perdón y la culpa. "Leprosos espirituales", cargados de odios, rencores, raíces de amargura, resentimientos, corajes, etc. Necesitamos que el pueblo de Dios detenga este mal y responda al antídoto brindado por Jesucristo "el perdón".

¿Cómo perdono?

La respuesta la vimos cuando entramos por la puerta del Tabernáculo. El arrepentimiento por guardar rencores en su corazón y no perdonar le darán la libertad. ¡Decídalo! Ejerza dominio sobre las emociones. No se trata de sentimientos sino de obediencia. Dios lo honrará por su decisión, sanará sus heridas y lo libertará.

No podemos pedirle a Dios que nos haga justicia si primero no le demostramos que estamos pagando el precio y entregando toda ofensa delante de Él. Dios nos exige perdonar y hacer la transferencia de la culpa para así el liberar.

Capítulo IX

Del todo quemado

OTRO PRINCIPIO ESPIRITUAL que demanda el altar de bronce es que todo aquel que pretenda tener comunión con Dios tendrá que morir a su naturaleza carnal. Tendrá que morir al pecado. Cuando la ofrenda era quemada, no solo tenían que quemar su carne, sino también tenían que desollar y quemar toda la grosura de sus entrañas e hígado (Éxodo 29:13). De esta manera, Dios perdonaba los pecados de los israelitas. Era por dentro y por fuera, lo visible y lo escondido. Lo que se ve en apariencia y lo escondido en las recámaras más secretas del alma. Dios lo quiere todo. La demanda en el altar de bronce dictaba que la ofrenda tenía que ser "del toda quemada".

De afuera tenemos el territorio de la carne. La lucha tenaz que tiene el hombre es en la carne. Lo que impide que el ser humano sea espiritual es la carne y los conflictos del alma. El reto es vencer la carne. La carne fue herida, y su alma se afectó, por tanto, su alma también tiene que ser sanada. El creyente debe ser responsable y asumir una postura radical con relación a la carne y al alma. Morir a sus apetitos y demandas. Si lo hace progresará fácilmente y será libre emocional y espiritualmente.

Lo que se quema se transforma en humo. El humo es una esencia intangible. El huno representa el proceso de transformación de lo natural a lo espiritual. Solo así, Dios recibía la ofrenda como olor grato y acepto. Se constituía en verdadera ofrenda delante del Señor, cuando era del todo quemada. Nuestra naturaleza humana tiene que pasar por este proceso. Para regresar a nuestra verdadera identidad la carne juntamente con el hígado y toda la grosura tienen que ser del todo quemado para que la naturaleza espiritual se manifieste en nuestras vidas. Esta era la forma verdadera de adorarle y servirle, es en espíritu y verdad.

Santificados por completo

La Biblia nos instruye a ser sanados en el espíritu, en el alma y en el cuerpo. Las tres partes del Tabernáculo son tipo y sombra del espíritu, alma y cuerpo. El atrio tipifica la carne, el Lugar Santo el alma y el Lugar Santísimo el espíritu.

1 Tesalonicenses 5:23 nos dice: *"Y el mismo Dios de paz os santifique por completo; y todo vuestro ser, espíritu, alma y cuerpo, sea guardado irreprensible para la venida de nuestro Señor Jesucristo".*

Este pasaje habla claramente que nuestro ser necesita ser liberado en estas tres esferas: espíritu, alma y cuerpo. El deseo de Dios es que la santificación del creyente pueda extenderse a cada parte de su ser. Es que sea consumada plenamente en todos los aspectos. "Ofrenda del todo quemada".

Somos espíritus en cuerpos de carne. No carne o cuerpo, metido en un espíritu. Es en el espíritu que tenemos comunión con el Padre. Conquistar la primera dimensión, que es la carne, nos facilitará el camino hasta llegar al Lugar Santísimo. La transformación de personas carnales a creyentes espirituales se cumplirá conectados a la fuente de nuestro verdadero yo. La fuente de nuestro verdadero yo es espiritual.

El espíritu es la parte más elevada del ser humano. El pacto de Dios era en el espíritu y no con la carne. Dios nunca pactó con la carne. La historia de Abraham registra éste conflicto. Abraham tuvo un hijo con la esclava Agar. Su nombre era Ismael, pero Dios fue claro con él y le dijo que el pacto era con Isaac (Génesis 17:21). Ismael es tipo de la carne e Isaac es tipo del espíritu (Génesis 4:28-31). Lo que es nacido de la carne no heredará las promesas de Dios, pero lo que es del espíritu traerá libertad.

Cuando el poder de la carne y las heridas del alma permanecen, éstas todavía reinan y el espíritu permanecerá oprimido. Es por eso que al creyente se le dificultará andar en el espíritu. El Tabernáculo nos ha presentado la posición del pecador, la lucha contra la naturaleza carnal y como éste avanza paulatinamente hacia la cumbre de la vida espiritual. Es cuestión de ir en escalada hasta alcanzar la máxima expresión de lo que verdaderamente somos y conquistar lo que un día perdimos. Cuando se es controlado por el reino de la carne se vive de acuerdo a las capacidades limitadas de nuestra humanidad. Pero cuando reina el espíritu se vive por el poder sobrenatural del *Ruaj* de Dios. ¡El conflicto deberá resolverse en el atrio!

El cuerpo o carne

El cuerpo o la carne es el medio por el cual nos comunicamos con el mundo exterior, es la capa exterior que nos conecta con el mundo. Es el medio por el cual participamos de la esfera terrenal. Por el contrario es en el espíritu que nos vinculamos a lo celestial, a lo intangible. Percibimos el mundo a partir de los cinco sentidos; tacto, oído, gusto, olfato y visión. Satanás opera en el cuerpo utilizando los cinco sentidos. Por ejemplo, en una mujer violada, allí se activaron los cinco sentidos. De esa manera se abre la puerta para conectarse al cuerpo y desde allí afectar al alma. En adelante, en la vida de esa mujer, él se aprovechará para afligirla y atormentarla. Cuando ella vaya a hacer uso de su sexualidad, ésta estará contaminada por el daño causado. El cerebro recibió el evento a través de los cinco sentidos. El cerebro lo recibió de cinco maneras diferentes, a partir de ese momento la interpretación estará fundamentada según la experiencia del individuo. Cada vez que use su sexualidad, la información va a entrar y ser interpretada de mala manera, por la experiencia previa. El cerebro hace un cuadro y actúa conforme a la experiencia, y esa será la plataforma de su conducta. Esa será la plataforma de Satanás.

La carne es la que nos conecta con el mundo desde el momento en que nacemos. Son las experiencias táctiles las que nos ayudan a percibir el mundo. Es a través de los sentidos que nos llegan mensajes sanos o errados, y son los que nos darán una cosmovisión del mundo. Si fueron positivos nos ayudarán a conectarnos con nuestro Creador, pero si fueron negativos nos alejaran de nuestro verdadero "yo".

Cada experiencia de vida conducirá al individuo a un sistema de creencias o pensamientos que se levantarán en su mente. Estas son las famosas fortalezas de las que habla Pablo en 2 Corintios 10:4. Las teorías conductuales refieren que el conflicto existencial del individuo está íntimamente ligado a su forma de pensar. Está íntimamente ligado al contenido cognoscitivo. El individuo colocado en su medio ambiente y expuesto a factores externos levanta formas de pensamiento. El individuo reacciona al evento que lo molesta conforme a su interpretación y eso se traducirá en respuestas de conducta. La crisis se presenta cuando surge una distorsión de la información.

Ahora, como ministros del Señor, en cooperación con el creyente, tenemos la responsabilidad de ayudarlos a entender estos procesos. Es menester que el individuo pueda reinterpretar la experiencia, para ser sanado por el poder de Dios. Por más doloroso que esto le resulte solo la verdad le hará libre. El creyente tendrá como reto enfrentarse a los mensajes recibidos a través de los sentidos, y derribar todo argumento que se aleje de los principios del Reino. Deberá penetrar en lo aprendido y desenmascararlo. Entender que su sistema de creencias fue afectado y por ende, creó una conducta mal adaptativa. Tendrá que filtrar sus experiencias a la luz del evangelio de Jesucristo.

Le corresponderá hacerlo si quiere conectarse con Dios en el espíritu. Si no lo hace, constantemente estará saboteando su relación con Dios, con él mismo y con los que le rodean. El ser humano fue diseñado por Dios por varias cubiertas de protección o capas. Capa sobre capa tenemos que liberarla y santificarla. Orientaciones e información como la que se les está ofreciendo en este libro, deberán ser suministradas al creyente en la medida que se va penetrando en el modelo del Tabernáculo.

¿Cuál es la propuesta de Dios?

La propuesta de Dios en la representación del altar de bronce es profundizar y conquistar las obras carnales. Las que un día hicieron que el espíritu muriera y perdiera la comunión con Él. Recuerde que el espíritu es el centro del hombre. Es la esencia de quien es él en realidad. Es en el espíritu que nos relacionamos con Dios, no es en la carne y mucho menos en el alma. Si la persona no se siente conectada a Dios en el espíritu, es porque la corrupción de la carne, y las enfermedades del alma que no se lo permiten. Es por ello que todo su ser se apaga, la persona se siente vacía, y en muchas ocasiones como muerta. Siente a un Dios que está muy lejos de él cuándo realmente no es así. Un espíritu débil, conducirá al individuo a cautiverios de temor, culpa, vergüenza, angustia y otras emociones que lo harán caminar cojo, ciego, sordo, y no podrá permanecer en pie en el día malo. Carecerá de fortalezas espirituales que le sustenten. Pablo dice en 1 Corintios 3:1-3 que no se le podrá hablar como a espirituales, sino como carnales.

Colosenses 1:9 dice: *"Por lo cual también nosotros, desde el día que lo oímos, no cesamos de orar por vosotros, y de pedir que seáis llenos del conocimiento de su voluntad en toda sabiduría e inteligencia espiritual".*

A Dios se le adora en el espíritu, a Dios se le obedece en el espíritu. El eje de una vida victoriosa en Cristo se encuentra en la vida espiritual del individuo. Pablo dijo en 1 Corintios 2:14 que el hombre que no es espiritual no acepta, no puede percibir las cosas que son del Espíritu de Dios, y tampoco las puede entender, porque son cosas que solo se pueden juzgar o discernir por medio del espíritu. El espíritu es el componente que le da al hombre el privilegio de tener comunión íntima con Dios. Es en el espíritu en donde el hombre puede caminar con Dios.

Watchman Nee dice que es por esta razón que los poderes de las tinieblas lanzarán en todo momento sus proyectiles de maldad hacia el espíritu humano y que el creyente necesita un espíritu valiente y fortalecido para poder vencer. Las tinieblas saben donde atacar, su interés es mantener al individuo en regiones de cautiverio. Su fin es lograr que el creyente regrese a su estado de muerte espiritual. El fin primordial del diseño diabólico, es hacerlo retroceder en su caminar con Dios. Pretenderá en todo momento desconectarlo en el espíritu con su Creador.

El creyente necesitará el don de discernimiento para librar la batalla por su alma. El enemigo lo primero que intentará es alejarlo de la comunidad de fe. Tratará de desconectarlo para que no escuche la Palabra que es la que tiene el potencial de traerlo a la verdadera libertad. Si el creyente no logra discernir lo que está ocurriendo, no podrá resistir en su espíritu a Satán y a sus fuerzas de maldad. Cuando llegue el día malo se confundirá y le asaltará el temor, el cual fue la primera consecuencia de la caída del hombre. La tristeza, la depresión, y mucho más serán algunos de los efectos que sufrirá su alma. Lo lamentable es que la persona, por lo regular no entiende por qué fracasa, y piensa que Dios lo dejó solo en el camino. Adquirir conocimiento le ayudará a no perecer en el camino. Será el agua que le permitirá hidratarse y tomar fuerzas espirituales para seguir adelante. Así comprenderá la gran batalla cósmica que se libra por su alma.

Una de las estrategias que utiliza Satanás cuando ha perdido a uno de sus cautivos, es quedarse quieto por un tiempo. Es como si se escondiera. Le llamamos "los dormidos". Pareciera que el enemigo entra en un estado de reposo. El creyente comienza a caminar en gozo por el encuentro que tuvo con el Señor. Inclusive se bautiza y en apariencia todo va caminando muy bien hasta que de pronto, se activa el mismo infierno. Se despiertan los emisarios de Satán en un momento de debilidad o situación adversa ocurrida al creyente. Arrecia la batalla y no sabe qué hacer. No entiende que necesita entrar en un proceso de liberación emocional y espiritual.

Los diseños del infierno tienen como objetivo debilitar, evitar todo tipo de progreso y madurez. Su norte será eliminar toda conexión espiritual con Dios. La opresión se levanta con el único fin de debilitar al individuo. Los proyectiles lanzados a su mente son tan fuertes que el creyente se afecta en la visión y expectativas que tenía de su conversión. En otras palabras Satanás y sus huestes de maldad lo que quieren es eliminarlo de la carrera. Saboteará la conexión con Dios enviando mensajes de voz a su sistema neurológico. Inclusive en las noches utilizará su sistema nervioso central para enviarle todo tipo de mensajes visuales llenos de temor, maldad y perversión.

Testimonio

Varón de treinta y cinco años de edad. Comienza a buscar del Señor y al poco tiempo de comenzar a congregarse solicita una cita para consejería. En ella refiere que está teniendo sueños que no logra entender y requiere explicación de lo que le está ocurriendo. Relata que son sueños positivos y que no ve nada malo en ellos pero no los entiende. Narra que ve en ellos gente en prisiones, pueden salir pero no salen hasta que él les habla. Ve leones dañando, acude a ellos y obedecen sus órdenes y logra encerrarlos en su lugar. Algunos de los sueños son recurrentes. Describe que sus sueños son tipo así como lo que se registra en el libro de Apocalipsis. El tema obligado en sus sueños está ligado a destrucción, ángeles que descienden del cielo y se ve como un comandante del ejército de Dios. Se ve peleando con demonios, nunca tiene miedo, los demonios siempre huyen de él. Siempre aparece una espada grande, ángeles lo protegen, él es líder y salva a la gente, inclusive muere por ellos.

La revelación del Espíritu Santo nos señala que el joven está siendo engañado por un espíritu de error. De su historial familiar y personal sale a la luz que este varón fue víctima de rechazo desde muy pequeño. Cuenta que por años ha tenido visiones. Desde pequeño ha sido fantasioso. El dolor que le causó el rechazo lo llevaron a un mundo de fantasía. Siempre soñaba que él era un héroe.

Ahora de adulto y buscando del Señor, Satanás le disfraza el asunto asiéndole sentir como un redentor de la humanidad. Uno que muere por todos. Este varón está bajo un engaño satánico. Al momento de la consejería no ha hecho pacto con Dios. No se ha convertido a Cristo. Satanás pretende hacerle creer que el está bien delante de Dios y que es una persona tan buena y que tiene un corazón tan puro que es capaz de morir por toda la humanidad. La recomendación fue reconocer que solo Cristo podía sanar las heridas de su alma y transformarlo. Segundo, que le permitiera al Espíritu Santo ver lo que realmente anida en su corazón para ser restaurado.

Conozcamos la maldad del enemigo

Así es como Satanás usa a sus víctimas y los levanta como falsos profetas. Lo triste del caso es que muchos piensan que los dones que tienen son del Señor cuando en realidad no lo son. Satanás tiene como fin que el creyente siga siendo controlado por su naturaleza carnal y por el alma, asiento de sus emociones, y de su voluntad. Alimentará las obras de la carne, logrando así que de ninguna manera se manifieste la gloria de Dios en él. En el diseño del Tabernáculo claramente está establecido por Dios que la carne tiene que ser del todo quemada, de lo contrario no se manifestará la gloria de Dios.

Éxodo 30:31,32 dice: *"Este será mi aceite de la santa unción… sobre carne de hombre no será derramada"*.

Mientras quede corrupción en la carne, el aceite, tipo del Espíritu Santo no se manifestará en la plenitud que él desea. Si no están las salpicaduras de la sangre, la muerte y resurrección de nuestro Señor Jesucristo, la gloria de Dios no puede estar presente. Las emociones engañarán a ese creyente, cumpliendo en el atrio con ritos religiosos, sin vivir la verdadera experiencia de la gloria de Dios. En el atrio podía verse la nube de Su gloria descender. La veían de lejos, pero jamás experimentaban lo mismo que en el Lugar Santísimo.

¿Qué podemos decir del alma?

Al principio del capítulo señalamos que cuando la ofrenda era quemada, no solo tenían que quemar su carne, sino también tenían que desollar y quemar toda la grosura de sus entrañas e hígado. El hígado para los israelitas era considerado como el asiento de la vida, muy semejante al corazón. Cuando se trataba de establecer el asiento de las sensaciones y emociones, se pensaba frecuentemente en el corazón o en el hígado. El hígado se le señala en muchas ocasiones como el asiento de las funciones vitales o intelectuales, pero por sobre todas las cosas se le relaciona con la esfera emocional. Esta creencia era muy común entre los pueblos de la antigüedad.

La grosura simboliza lo mejor. También podemos señalar que es símbolo del egocentrismo del hombre. La grosura era el sebo, masa o capa que rodeaba los órganos internos del animal. Tenemos que ofrendarle al Señor lo mejor. No solo lo de afuera, sino los más íntimos deseos y anhelos del corazón. El "yo" tiene que dejar de ser, para "Ser" en Cristo.

El alma, regida por las emociones, la mente y la voluntad, debe llegar al punto de ceder el gobierno al control absoluto del Espíritu. En las recámaras más profundas del alma se anidan sentimientos no regidos por el Espíritu y estos servirán de tropiezo y entorpecerán su labor puesto que están en oposición a los estándares del Reino. La meta del alma deberá estar centrada en anhelar lo que el Espíritu de Dios desee, sujetarse a él y soltar la corona que adquirió mientras recibió los diseños de este mundo. El alma no estaba acostumbrada a recibir del Espíritu, y ahora en Cristo comienza a recibir de él, y ella se resiste a soltar su reinado. No quiere amar lo que el Espíritu ama, resiste la santidad, se le dificulta interpretar, pensar, andar y actuar conforme al Espíritu. Sus sentimientos, sus emociones fueron programadas por la esfera terrenal y no está acostumbrada a sentir lo que el Espíritu quiere que ella sienta. Eso no está en la computadora mental y emocional del individuo. Mucho menos en el disco duro de su cerebro. El alma sin Cristo estaba acostumbrada a satisfacer los deseos de la carne y no los del Espíritu. Es por esto que encontramos constantemente pasajes bíblicos que nos hacen un llamado a una transformación de la mente.

Pablo nos dice en Efesios 4:22-24: *"En cuanto a la pasada manera de vivir, despojaos del viejo hombre, que está viciado conforme a los deseos engañosos, y renovaos en el espíritu de vuestra mente, y vestíos del nuevo hombre, creado según Dios en la justicia y santidad de la verdad".*

La persona que pretenda liberación deberá decidir si va vivir satisfaciendo los deseos de la carne, controlado por el alma, o gobernado por el Espíritu de Dios. ¿Quién gobernará sus cuerpos, sus apetitos o los del Espíritu? ¿Imperará el gobierno de Dios? ¿Es el gobierno de Dios lo que alumbrará sus almas? ¿Vivirá por su propia justicia o por la que Cristo le ofrezca?

En el altar se librará la gran batalla, ¿quién realmente gobernará el corazón? Dios demanda el sacrificio del Isaac que posee el corazón del creyente. Aquí tendrá que resolverse todo conflicto de orden relacional. Tendrá que sacrificar a esa persona que le haya robado el corazón para bien o para mal. Tendrá que hacerlo si desea moverse de su condición anímica a una de tipo espiritual. El Señor solicita que los que han pasado a ser sus hijos le entreguen su amor en forma total, a fin de poder reinar sobre él. Cristo quiere ser el primordial y grande objeto de su amor. Dios exige que lo amemos sin reservas. El no está dispuesto a compartir el corazón del creyente con nadie, ni con nada. El Señor exige un amor incondicional y este es un golpe mortal a la vida del alma, la cual es egocéntrica. En el Señor no podemos tener un corazón dividido. Si logramos resolver el conflicto, entonces se cumplirá el siguiente mandamiento:

Mateo 22:37: *"Amarás al Señor tu Dios con todo tu corazón, y con toda tu alma, y con toda tu mente"*.

Una persona que no ha conquistado una vida regida por el Espíritu de Dios, se encuentra en el atrio, llevando a cabo actos religiosos, dando rienda suelta a las emociones. Siempre querrá estar "sintiendo". Mientras usted permanezca en el atrio, repito, estará ubicado en el ritualismo religioso y no en su verdadera identidad. Las máscaras de pecado son muchas, y una de ellas se llama religiosidad. No es cuestión de cómo se vea por fuera, sino de quién realmente se es por dentro.

Capítulo X

Liberación en el atrio

EL ATRIO ES EL LUGAR de la gran batalla, es el lugar donde se define el cristiano. Es el lugar en donde se batalla entre lo santo y lo profano. Lo santo y lo profano no pueden coexistir en los diseños del Reino. El atrio es el lugar en donde se muere a la naturaleza carnal y se resuelven los conflictos del alma. Es el lugar en donde el alma determinará entregar o no las heridas que le hicieron. Es en el atrio donde se resuelve el conflicto existencial del hombre. Quedarse en el atrio es quedarse en la zona cómoda, esperando que Dios haga, cuando en realidad Él ya hizo.

El atrio nos enseña que la demanda y derechos de Dios han de ser satisfechos antes de poder gozar de comunión con Él. La demanda del reino de Dios es que nuestra vida entera debe ser crucificada y santificada. Sin santidad no se puede entrar en el Lugar Santo y mucho menos en el Santísimo. El sacerdote podía morir en el Lugar Santísimo si no estaba limpio conforme a lo establecido por Dios.

Donde se materializa la liberación emocional y espiritual del creyente es en el atrio. Este argumento lo he traído a lo largo de todo el libro. La demanda de Dios en el atrio es radical. Tiene que ser del todo quemado. Nadie podrá entrar al Lugar Santísimo si no muere antes a su naturaleza carnal y a los conflictos del alma. Esto significa que los pensamientos, hechos y andar deben estar cubiertos por la sangre de Jesús. Nuestra vida entera debe ser crucificada. La demanda es radical, e irrevocable. Nuestra vida entera debe pertenecerle a Él, porque somos comprados por su sangre, que fue derramada en el Gólgota. Es en el atrio donde debía ser juzgado el pecado. Es allí donde se llevaban a cabo los ritos de lavado para quitar toda contaminación.

Es en el atrio donde comienza el establecimiento del Reino en la vida del creyente. El creyente dirá a Cristo: "Ven y se mi Rey". "Gobierna sobre mí". "Acepto tu plan de gobierno". "Acepto los valores y moral del Reino". "Venga tu consejo". "Venga tu asesoramiento". "Soy tu súbdito y estoy dispuesto a sujetarme a ti". "Quiero que seas mi Comandante en Jefe". "Quiero ser parte de tu ejército y estoy a tu disposición". ¡Venga tu Reino!

Es en el atrio en donde el creyente se acomoda y ajusta al dominio del reino de Dios y de su santidad. Los anhelos de un alma que ha sido renovada gritaran a voz en cuello "¡Hágase tu voluntad y no la mía!" Caminará en plena conformidad con la voluntad de Dios. Dará salida a sus deseos para que se cumplan los del Padre. El reino de la carne y del alma no es compatible con el reino del espíritu. A Dios se le conecta en el espíritu. El Reino es de la esfera espiritual, por eso hay que nacer de nuevo. El conflicto se resuelve en el atrio.

Fuera del atrio

La gente con lepra tenía que quedarse fuera del campamento, no podían entrar allí porque contaminaba a los demás. En las congregaciones tenemos gente con lepra espiritual. La lepra simboliza y representa la murmuración, no podrá entrar a participar junto con el pueblo de lo que Dios da. El que murmura no tiene corazón para ver a través de los ojos de Cristo. Está enfermo emocionalmente de la misma forma que el leproso fuera del campamento. Cuando advirtamos a una persona que siempre anda criticando a los demás, viendo sus defectos, no están ni siquiera en el atrio.

Poder de la resurrección

El creyente que no traspase el altar de bronce no podrá experimentar el poder de la resurrección de Cristo. Vivirá derrotado en su caminar como cristiano. Estará en el atrio a salvo, pero sin experimentar gloria de Dios. Cuando el poder de la resurrección se activa en la vida del creyente se anulan las consecuencias de los ayes de dolor. El poder que se activó en la esfera espiritual en el altar de bronce fue tan poderoso que cada gota de sangre derramada por Cristo derrotó el imperio de muerte que se activó en el huerto del Edén. Las huestes infernales proclamaban su victoria sin saber que cada gota de sangre derramada en el altar los derrotaba.

Preparándome para entrar

Justo antes de entrar al Lugar Santo nos encontramos con la fuente de bronce. Esta fuente era la próxima pieza que se veía en el atrio exterior del Tabernáculo. Se dice que fue hecha con los espejos de las mujeres. Su principal función era abastecer el agua para el lavamiento de los sacerdotes.

Las interpretaciones de esta pieza varían. Algunos de los significados espirituales son los siguientes: El lavamiento de manos y pies era para la santificación, o para ser santo y puro. Las manos representan hechos y habilidad del ser humano para hacer o resolver los asuntos. Ahora todo hecho o asunto deberá ser filtrado por la Palabra de Dios. Los pies tienen que ver con el andar o caminar. Ahora el caminar de ese creyente debe ser recto ante los ojos de Dios. Servir a Dios no solo en limpieza del pecado, sino también en la búsqueda de la santidad y verdad. La pieza habla de la limpieza que viene cuando la Palabra expone áreas de nuestra vida que no están en conformidad a los valores del Reino. También es conectada al bautismo en agua, a un cambio en la mentalidad del hombre. Antes de entrar al Lugar Santo la persona deberá procurar su limpieza espiritual. Con el lavacro queda establecido que el cristiano debe estar deseoso de reconocer y aceptar aquello que el espejo del lavacro revela, no vivir una vida de auto contemplación o auto condenación, sino disponer del agua de limpieza que Dios ha provisto. Sin un cambio de mentalidad difícilmente podemos entrar al Lugar Santo. Para continuar el camino hacia el Lugar Santo tiene que haberse dado un cambio de mentalidad a una nueva conciencia de pecado. Si se cambia de mentalidad se cambiará de conducta. Dios se relaciona con el hombre por medio de los pensamientos, por tanto se deberán renovar los pensamientos de todos aquellos supuestos básicos y paradigmas que se traen del mundo. El lavacro prepara al individuo para esa entrada al Lugar Santo. Los sacerdotes tenían que hacerlo antes de entrar. Esto quedó como ejemplo para nuestros tiempos.

Lugar Santo y Santísimo

El Lugar Santo es el lugar en donde toda vez que la persona es liberada podrá recibir la Palabra libre de cuestionamientos mundanos. No se intelectualiza, solo se obedece. El corazón estará puro y limpio para ser instruido por ella. La unción fluye desde el candelero y alumbra su entendimiento. Allí no existe otra luz que la que ofrece el candelero. Se depende totalmente de la luz que le ofrezca el Espíritu de Dios. La unción fluye en todo tiempo permitiendo la conexión con el Padre por medio de la Palabra y la oración. Con suma facilidad el creyente podrá entrar al Lugar Santísimo y disfrutar con plena confianza de su presencia. No existe resistencia alguna de parte del creyente. Recibe diferentes niveles de unción en la medida que va creciendo, fortaleciéndose y madurando en el Señor. Su espíritu se conecta al Padre con suma facilidad. El Lugar Santísimo es nuestro lugar real. Allí reposa el alma, se concibe la verdadera posición en el Señor. Él está en mí y yo en Él. Nada se interpone entre Él y yo.

1 Juan 3:2,3 nos dice que no se ha manifestado lo que habremos de ser: *"Amados, ahora somos hijos de Dios, y aún no se ha manifestado lo que hemos de ser; pero sabemos que cuando él se manifieste, seremos semejantes a él, porque le veremos tal como él es. Y todo aquel que tiene esta esperanza en él, se purifica a sí mismo, así como él es puro".*

La manifestación de lo que verdaderamente somos se materializará cuando el cristiano se purifique. En el altar de bronce se depura el "Ser" que lo preparará para conectarse al Lugar Santísimo con el Creador. En el Lugar Santísimo soy uno con Él. Él manifiesta Su gloria en el Lugar Santísimo, cuando Él aparezca en su gloria seremos semejantes a Él porque le veremos tal como es.

El mensaje es claro y contundente, los valores del mundo alejan al hombre de su verdadera identidad. El verdadero "Ser" es descubierto cuando se elije descubrir el "Ser" espiritual que existe y late dentro de un cuerpo humano. Se requiere un corazón contrito y humillado para ser restaurado y descubrir el verdadero "Ser" creado por Dios.

No podremos verlo tal como Él es hasta no romper con toda estructura que nos ate al mundo. El Lugar Santísimo es el lugar del espíritu, entonces soy uno con Él. No es lo mismo creer en Cristo y entrar por la puerta. Tenemos que llegar a "Ser" si traspasamos el altar de bronce y el lavacro. Una vez en el Lugar Santo ya estamos preparados para ver la manifestación de Su gloria.

Mientras el creyente se quede en el atrio, solo se quedó en el punto de creer en Cristo, pero no se movió a "Ser" uno con el Padre. Por tanto, no habrá manifestación de Su gloria y solo será un culto racional, permanecerá cumpliendo con ritos religiosos sin llegar a "Ser". No se puede establecer una vida en el espíritu, en el "Ser", si antes no se muere a la vieja criatura.

Hebreos 10:19-22 nos confirma que solo podremos entrar al Lugar Santísimo si tenemos los corazones purificados de mala conciencia:

"Así que, hermanos, teniendo libertad para entrar en el Lugar Santísimo por la sangre de Jesucristo, por el camino nuevo y vivo que él nos abrió a través del velo, esto es, de su carne, y teniendo un gran sacerdote sobre la casa de Dios, acerquémonos con corazón sincero, en plena certidumbre de fe, purificados los corazones de mala conciencia, y lavados los cuerpos con agua pura".

Se purifica el corazón cuando hemos perdonado y sanado las heridas del alma. Se purifica el corazón cuando la carne es quemada del todo. Se purifica el corazón cuando dejamos a un lado nuestros argumentos y aceptamos las leyes y estatutos divinos sin reservas ni cuestionamientos. Sencillamente aceptamos el gobierno del Reino. En fin, el llamado es a ser santos, porque Él es santo, y sin santidad nadie verá al Señor. Trabajemos la liberación en el atrio y estaremos listos para vernos con el Señor.

Como hemos podido constatar a lo largo de esta jornada, el Tabernáculo es un excelente instrumento para dirigir un proceso de liberación emocional y espiritual. Claramente vimos dónde comenzar, qué pasos seguir, qué principios espirituales nos pueden ayudar y, por último, quedó demostrado que la liberación se materializa en el atrio.

Bibliografía

- Anderson, Neil T. (1990), *Rompiendo las cadenas*, Editorial Unilit.

- Blattner, Elsie F. (1953), *El Tabernáculo*, Editorial Vida.

- *Biblia Dios Habla Hoy*, SBU.

- *Biblia Latinoamericana*, 1995.

- Bonilla, David (2009), *Manual del Tabernáculo*, Editorial Gospel.

- Conner, Kevin J. (2003), *El Tabernáculo de Moisés*, Editorial Peniel.

- Real Academia Española, *Diccionario* (2001).

- Jong, Paul C. (2003), *El Tabernáculo: Un retrato detallado de Jesucristo* (I), Editorial Helphzibah.

- Méndez Ferrell, Ana (2008), *Regiones de cautividad*, Voice of the Light Ministries.

- Nee, Watchman (2000), *El hombre espiritual*, Tomo II, Living Stream Ministry.

- Nelson, Wilton M.; Mayo, Juan Rojas, *Nuevo diccionario*

ilustrado de la Biblia. Electronic ed. Nashville, Editorial Caribe, 2000, c1998.

- Pierini, Mariano (2005), *El Tabernáculo.* Referencia Electrónica: http://www.peniel-mdq.com/tabernaculo. htm

- *Biblia Reina Valera Revisada* (1960), Miami, Sociedades Bíblicas Unidas, 1998.

- Ribco, Yehuda (2002). Referencia Electrónica: http:// serjudio.com/rap1751_1800/rap1770.htm

- Steiner, Rudolf, *El significado oculto de la sangre.* Referencia Electrónica: http://www.scribd.com/doc/9416021/ Rudolf-Steiner-El-significado-oculto-de-la-sangre

- Strong, Jaimes (1987), *El Tabernáculo de Israel,* Editorial Portavoz.

- Trenchard, Ernesto y Ruiz, Antonio (1994), *El Libro del Éxodo,* Editorial Portavoz.

- Vine, W.E., *Diccionario expositivo de palabras del Antiguo y del Nuevo Testamento,* Exhaustivo. Electronic ed., Nashville, Editorial Caribe, 2000, c1999.